U0949526

国学一本通

徐　潜◎主编

左传

春秋·左丘明◎著　吕　岗◎译评

吉林文史出版社

图书在版编目（CIP）数据

左传/（春秋）左丘明著；吕岗译评. —长春：吉林文史出版社，2009.4（2022.1重印）
（国学一本通/徐潜主编）
ISBN 978-7-80702-938-0
Ⅰ. 左… Ⅱ. ①左…②吕… Ⅲ. ①中国—古代史—春秋时代—编年体②左传—注释③左传—译文 Ⅳ. k225.04
中国版本图书馆CIP数据核字（2009）第038140号

 **国学一本通** 

左传

出版人/徐 潜

出版发行/吉林文史出版社（长春市人民大街4646号） www.jlws.com.cn
主编/徐 潜
著/左丘明
译评/吕岗
项目负责/王尔立
责任编辑/杨晓天 王文亮
责任校对/李洁华
装帧设计/李岩冰 柳甬泽 赵 恒
印刷/北京一鑫印务有限责任公司
版次/2009年4月第1版 2022年1月第6次印刷
开本/720mm × 1000mm 1/16
字数/280千字
印张/14
书号/ISBN 978-7-80702-938-0
定价/55.00元

前言

《左传》全称《春秋左氏传》或《春秋左传》，为春秋末年鲁国太史左丘明所著。与《公羊传》、《谷梁传》并称“春秋三传”，是一部体系较为完备的编年体史书。不仅如此，《左传》也是一部非常优秀的文学著作。

《左传》以春秋为纲领，博采众家，充实进大量古史旧说与各国典籍，书中提到的就有《周志》、《周制》、《周秩官》、《周书》、《郑书》、《商书》、《夏书》、《夏训》等多种，以及“三坟五典，八索九邱”之书，并瞽史传说、民间逸闻等等。综合丰富史料，把《春秋》所列史事完整地再现于世，有非常重要的史料价值，代表了先秦史学的最高成就，对后世史学研究与发展产生了深远的影响，特别是对确立编年体史书的地位起了很大作用，是我国古代不可多得的史学名著。

《左传》所记史事的时间跨度比《春秋》稍长，起于鲁隐公元年，止于鲁悼公四年。《左传》从多个侧面反映了中国这段由奴隶制过渡的重要历史进程。包括各主要国家的盛衰兴亡，生产方式的变革，阶级结构的演化，以及内政、外交、刑罚、赋役、军事等方面的丰富内容。特别是对战争的叙述，更为出色。它不是孤立地写战争，而是把战争作为综合系统活动加以描绘，从各方的社会政治背景，频繁的外交活动，运筹帷幄的智谋较量，到战场上的排兵布阵、对垒厮杀，以及结局情况，无不写得井然有序、丰富充实、生动感人，读了深受教益。

《左传》还记录了历史人物的政治主张、哲学观、历史观，以及宗教民俗，等等。在对民与神、民与君关系的阐述中，提出“夫民，神之主也。是以圣王先成而后致力于神”。（《左传》桓公六年）“国之将兴，听于民；将亡，听于神。”（《左传》庄公三十二年）反映重民轻神，以民为邦本的思想。《左传》还主张君主把民的利益放在首位，利于民的事业就应努力去做。文公十三年载，邾国欲迁都，卜筮的结果是利于民，不利于君。国君邾文公说：“苟利于民，孤之利也。天生民而树之君，以利之也。民既利矣，孤必与焉。”邾文公能在君的利益和民的利益发生矛盾时，把民之利放在前面，仍坚持迁都，为此被称颂为贤君。《左传》还强调执政者要爱民，“视民如子，见不仁者诛之，如鹰鹯之逐鸟雀也”（《左传》襄公二十五年）。这些都是民本思想的体现。

《左传》蕴含朴素辨证法思想因素。通过阐述齐国晏婴的“和而不同”与晋国史墨的“物生有两”，对事物之差别与同一、斗争与互补关系作了深刻分析，丰富了古代的辩证法思想宝库。《左传》信重卜筮占验，好言因果休咎，有浓厚的神秘主义色彩，这可能与作者出身于巫史之官，受职业影响有关。对此要认真鉴别分析，予以扬弃。

《左传》工于叙事，长于文采，既是史学名著，也是文学佳品，在先秦散文中占有重要地位。其叙事富于戏剧性，有曲折的情节和性格鲜明的形象，文辞也优美，许多篇章被后世选为范文，收入文集，传诵至今。

目录

【隐公】

【庄公】

【僖公】

【宣公】

隐公

元年—十一年

历史背景

鲁隐公，名息姑，惠公的儿子，在位十一年，为公子翚所杀，隐公是他的谥号。其元年为周平王四十九年（公元前722年），孔子所作《春秋》一书，始于此年。

这时，周王室开始衰微，诸侯日渐强大，诸侯争霸的局面日渐显露。此时比较活跃的是国土虽小而实力很强的郑国。从隐公元年郑庄公平定了共叔段的叛乱，安定内部之后，便频繁与邻国交战、会盟，几乎年年不断，并且假借周天子的名义，联合一些国家去讨伐敌对的国家。规模较大的有隐公九年，郑庄公以宋公不朝见周王名义，联合鲁、齐伐宋；十一年，又以许国不供王职为名，联合齐、鲁，攻陷许国都城。宋、卫、陈、蔡等国则作为对立面时而交战，时而言和，为求得自身的生存和发展，彼此进行复杂的军事斗争和外交斗争。

各诸侯国内部争夺君权的斗争也很尖锐，弑君篡权之事不断发生。如郑共叔段的叛乱，卫州吁杀桓公自立又被杀，鲁隐公被杀，宋殇公被杀，等等。各国大夫的权势也开始增长，如鲁之公子豫、公子翚都曾不遵君命而与诸侯会盟，卫之石碏能借助陈国杀死州吁而拥立新君等，说明大夫日渐控制各诸侯国的重要权力。这一时期战争主要是车战，而四裔之国则有步卒，郑国亦有少量步卒。军队的训练则规定在农隙之时，结合田猎进行。

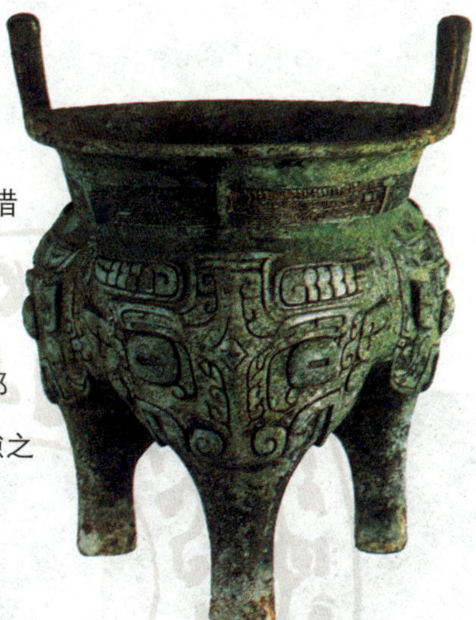

郑伯克段于鄢

◎ 隐公元年（公元前722年）

阅读提示

故事发生在春秋初期诸侯国之一的郑国，郑庄公与弟共叔段因王位反目。他们的母亲姜氏怂恿儿子共叔段谋反，不料郑庄公早有防备，致使母子二人谋反失败，后来便有了郑庄公怒誓母亲的一幕。“不及黄泉，无相见也”一句便由此而来。

人物

郑庄公：名寤生，今郑州市新郑人。春秋时期郑国历史上最有作为的一位国君，同时也是春秋早年中原地区最具影响力的诸侯之一，后代史家称之为“郑庄小霸”。

共叔段：郑庄公的弟弟，名段。他在兄弟中年岁最小，因此称“叔段”。谋反失败后出奔共，因此又称“共叔段”。共，春秋时国名（今河南省辉县）。叔，排行在末的兄弟。

姜　氏：郑武公的夫人，郑庄公和共叔段的母亲。

◎ 巧夺天工的青铜器

原文

初，郑武公[①]娶于申，曰武姜，生庄公及共叔段。庄公寤生[②]，惊姜氏，故名曰寤生，遂恶之；爱共叔段，欲立之。亟请于武公，公弗许。及庄公即位，为之请制[③]。公曰："制，岩邑也，虢叔死焉[④]，佗邑唯命。"请京。使居之，谓之京城大叔[⑤]。祭仲曰："都城过百雉，国之害也。先王之制，大都不过参国之一，中五之一，小九之一。今京不度，非制也。君将不堪。"公曰："姜氏欲之，焉辟害？"对曰："姜氏何厌之有？不如早为之所，无使滋蔓，蔓难图也。蔓草犹不可除，况君之宠弟乎？"公曰："多行不义必自毙[⑥]，子姑待之。"

既而大叔命西鄙、北鄙贰于己。公子吕曰："国不堪贰，君将若之何？欲与大叔，臣请事之；若弗与，则请除之，无生民心。"公曰："无庸，将自及。"大叔又收贰以为己邑，至于廪延。子封曰："可矣，厚将得众。"公曰："不义不昵，厚将崩。"

大叔完聚，缮甲兵，具卒乘，将袭郑。夫人将启之。公闻其期，曰："可矣！"命子封帅车二百乘以伐京[⑦]。京叛大叔段，段入于鄢，公伐诸鄢。五月辛丑，大叔出奔共。

书曰："郑伯克段于鄢。"段不弟，故不言弟；如二君，故曰克；称郑伯，讥失教也；谓之郑志，不言出奔，难之也。

遂置姜氏于城颍，而誓之曰："不及黄泉[⑧]，无相见也。"既而悔之。颍考叔为颍谷封人，闻之，有献于公。公赐之食，食舍肉。公问之，对曰："小人有母，皆尝小人之食矣，未尝君之羹，请以遗之。"公曰："尔有母遗，繄我独无[⑨]！"颍考叔曰："敢问何谓也？"公语之故，且告之悔。对曰："君何患焉！若阙地及泉，隧而相见，其谁曰不然！"公从之。公入而赋："大隧之中，其乐也融融！"姜出而赋："大隧之外，其乐也泄泄！"遂为母子如初。

君子曰："颍考叔，纯孝也，爱其母，施及庄公。诗曰：'孝子不匮，永锡尔类。'其是之谓乎！"

注释 <<<

①郑武公：名掘突，为郑国第二代君主，在位二十八年。

②寤（wù）生：犹言逆生，降生时足先出；或母睡时儿生，醒来才发觉。姜氏认为寤生不吉利，所以十分讨厌郑庄公。

③制：郑邑，在今河南省荥阳县东北，地形险要。

④虢(guó)：国名，姬姓，有东虢、西虢之分。西虢为周文王之子虢仲所封，东虢为虢仲之弟虢叔所封。此指东虢的后人，后被郑灭掉。

⑤京：郑邑，今河南省荥阳县东南二十里。大叔：大，通"太"，古人太字多不加点；叔，叔段。

⑥多行不义，必自毙：坏事干多了，结果是自己找死。

⑦帅车：帅同"率"，带领、指挥。车指兵车，春秋以车战为主，每辆兵车有四马牵引，设甲士三人，步卒七十二人。又据《左传》中某些片段记载，每乘兵车随步卒十人。

⑧黄泉：地中之泉。人死埋入地下，黄泉指阴间。

⑨繄(yī)：发声词，无意义。

◎ 春秋齐式青铜短剑

史纪风云

春秋初期，姬掘突得到周平王的封赐，让他把新郑做国都，在那里建立郑国，他就是春秋时的郑武公。郑武公从申国娶回一个女子做妻子。申国是个姜姓的国家。我国古书上称呼国君夫人，习惯上把她丈夫的谥号和她娘家的姓连在一起作为名字，所以把郑武公的夫人叫做武姜。

武姜生了两个儿子。生大儿子的时候是难产，胎儿的一只脚先下来，疼得武姜撕心裂肺，痛苦难耐，整整折腾了一大天，才艰难地把胎儿生出来。武姜受了极大的惊吓，对一整天的折磨还心有余悸，就给这个使她受过罪的孩子取名为寤生。武姜认为寤生不吉利，从小就十分讨厌他。寤生还在襁褓中，什么也不懂，无端地遭到母亲的怨恨岂不冤枉?作为母亲，因为难产就把怨气撒在胎儿身上，而且直到儿子长大，还没有消解这股厌恶之情，岂不有些过分?

小儿子名叫叔段，武姜生他的时候很顺利，几乎没感到什么痛苦。叔段小时候很听话，又很伶俐，很会讨人喜欢，所以武姜就特别宠爱他，经常在郑武公面前夸奖叔段，说他聪明懂道理，将来必能做一番大事业，会把国家治理得繁荣富强，并要求郑武公把叔段立为太子。

郑武公没有什么偏心眼儿，对两个儿子同样看待，他遵照周天子和各国国君都共同遵守的“立长不立幼”的规矩，对武姜的要求绝不答应，虽然武姜不时地吹枕边风，但郑武公还是照老传统把寤生立为太子，准备把郑国的君位传给他。

公元前743年，郑武公身染重病，百般医治，也没能挽回他的生命，撒手归天了。

寤生凭太子的身份，理所当然地继承了父亲的君位，做了郑国的国君，这就是郑庄公。

武姜看大儿子顺利地当上了国君，总有些不甘心，还一心偏向小儿子叔段，就想给叔段寻找一个既富庶又有发展前途的地方做封地，就对郑庄公说：“你现在成了一国之君，可是你弟弟还没有自己的封地，不能让他总住在都城里，跟我生活在一起。”

庄公说：“母亲，依您看该怎么办？”

“给叔段一块封地，让他到那里收取租赋，过独立的生活，这才是做哥哥的样子。”

◎ 卷云纹铜鼎

“母亲，即使您不说这件事，我也会这么办的。只是由于我刚即君位，百事待举，还没来得及处理封地的事。现在母亲既然替弟弟提出来了，就请母亲为弟弟挑选一个封邑吧。”

武姜一听，正对自己的心思，忙对庄公说：“我看制这个地方挺偏僻的，又离你的都城新郑挺远，不如就把制地赐给叔段做封邑吧。”

庄公一听，心中立即警觉起来，暗自寻思：制邑是个十分险要的地方，物产又极为丰富，谁据有了它，进可以攻，退可以守。当年虢国的国君就战死在那里。这么重要的地方怎么能封赐给叔段呢？要把它牢牢地控制在自己的手里。于是，他便对武姜说：“母亲，制邑是个很险要的地方，难于管理，弟弟去那里恐怕不合适。再说，父亲在世之时，曾对我说过，制邑不能封给任何人，要由国君亲自管辖。我刚即位，怎么敢不遵先君之命呢？”

庄公不能直接拒绝母亲的请求，便把亡父搬了出来，以压服母亲。武姜见庄公态度坚决，心知难以坚持，便问道：“你说把什么地方封给叔段？”

庄公不假思索地说：“除了制邑以外，其他的地方全凭母亲吩咐。”

武姜听罢，无可奈何地说：“既然你不肯把制邑封给弟弟，那就把京城赐给他做封地吧。”

京城也是个重要的城镇，在军事上属于兵家必争之地。庄公一听母亲要求把京城封给弟弟，便沉吟了半晌，未立即回答。武姜见庄公还没有首肯的意思，登时发火，怒气冲冲地说：“你父亲才去世几日，连母亲的话你都不听，还把我这个亲生之母放在眼里吗？你那个亲兄弟你愿意封哪就封哪吧，你就是不给他封地也行，只要你做得出，我现在不管了。”

武姜说完，站起身来，做出要离去的样子。庄公连忙走到母亲身边，扶母亲坐下，温和地说道：“母亲息怒，儿子谨遵母命，就把京城封给叔段吧。”

叔段得知庄公把京城封给了自己，心里很不高兴。他一心想到制邑去发展自己的势力，但是连母亲也未能替自己争来，只好作罢，留待以后再作打算。

第二天，庄公在宫殿里召见叔段，对他既关照又严肃地说："你到了京城，要好好关怀百姓，自己也要安分守己，不要让我分心，也不要做出什么不合礼制的事情。"

叔段不情愿地说："谨遵兄命。"说完便离开宫殿，到母亲那里去辞行。武姜屏退了下人，让叔段坐到身边，附耳低声说道："寤生没有母子之情，也没有兄弟之分。管他要制地，他一口回绝；向他要京城，他也很不情愿，只是见我真动了气，他才勉强答应。如今你到了京城，要招兵买马，逐渐地扩大地盘，等到时机成熟，你率兵从京城来攻新郑，我在城内为你做内应，郑国的国君就是你的了。你也知道，寤生从生下来的那天我就看不上眼，让你做君王是我的心愿，你可要好自为之。"

叔段十分感激地说："谢谢母亲的教诲!儿子会照您的吩咐去做的。"

母子二人洒泪而别。叔段带了一些亲随上路，朝行夜宿，马不停蹄，不几日便到了京城，在那里住了下来。从此人们称叔段为京城太叔。

叔段开始视察京城，这里虽然富庶，有山有水，但人口不多，要实现做国君的梦想，还有很大的距离。他便为自己制定了一套扩大势力的完整计划。第一步，是扩大城池的范围，把城墙修得又高又长，做好进攻和防御的准备；第二步，发展生产，大量储备粮食；第三步，网罗人口，凡是外地逃来的奴隶、罪犯，他全部接纳，给他们土地，把他们安置下来；第四步，广招兵马，训练军队，提高士兵的战斗素质；第五步，制造各种武器，修整战车，增加各种装备。经过几年的准备，叔段的势力逐渐强盛起来。

没有不透风的墙，叔段扩大势力的风声，早就传到了新郑。庄公身边的几位大夫看出了叔段准备叛乱的心思，就纷纷向庄公进谏，建议他早做防备。其中有一位叫祭仲的大夫朝见庄公说："凡是城市，城墙的周围超过三百丈，就会成为国家的祸害。先王曾经规定过这样的制度：大城市的城墙不超过国都的三分之一；中等城市的城墙不超过国都的五分之一；小城市的城墙不超过国都的九分之一。现在京城的城墙，经扩建已大得不得了，完全违反了先王的规定，这完全不应该。再这样下去，您的君位就受到严重威胁了，您会承受不住的。"

春秋战国时期 青铜剑

庄公听了这番话，不动声色，丝毫没有现出惊惶的样子，不紧不慢地说："姜氏让叔段这样做，我有什么办法呢?就算有祸害，我又怎么能避免得了呢?"

祭仲看庄公漫不经心的样子，就着急地说："姜氏的欲望没有满足的时候，不能依着她的性子。要对叔段及早做出安排，不能再让他扩张实力，否则，您可就难于对付了。臣下给您打个比方：野草滋长蔓延起来尚且不能铲锄掉，何况是您受宠幸的弟弟呢?"

庄公听罢，胸有成竹地说："多行不义必自毙，你不必多操心，姑且等着瞧吧。"

没过多久，京城太叔命令郑国西部和北部地区同时听命于自己，让那里的百姓给自己缴纳赋税，到自己管辖的京城服劳役。朝中的大臣们听到这些消息，十分惊惶，连忙上朝向庄公禀报，请他早日拿出处置的措施。其中有个叫公子吕的大夫启奏说："咱们整个郑国都是您的，西部和北部边地也都由您管辖，现在京城太叔也让那里听命于自己，国家怎么能受得了这种两面听命的情况，那里的百姓也负担不了向双方纳赋税出徭役的重负，您可要早拿主意。"

◎ 谷纹玉璧
谷纹最早出现在春秋时期，寓意风调雨顺，五谷丰登。

庄公漫不经意地听着，双眼打量着窗外，仿佛在看枝头上的鸟儿。公子吕见庄公这副带理不理的神态，心急如焚，便说出一番激将的话来："国君，这么严重的势态您还心不在焉，当做儿戏一般，您是存心要把郑国葬送了。您要想把君位让给京城太叔，臣下就去侍奉他；您如果不想把国家交给他，就请您尽快除掉他。不然老百姓就会产生二心了。日子一长，百姓就都归心太叔了。"

庄公十分镇静地说："公子吕，不要大惊小怪，危言耸听。用不着咱们忙着去除掉他，他自己就会自取其祸。"

京城太叔扩大城墙，又让原听命于庄公的地方同时听命于自己，想看看庄公会作出些什么反应，没想到庄公好像听而不闻，视而不见，根本没理会这些事，胆子就放得更大了。他得寸进尺，干脆把那些强迫听命于自己的地方，完全收到自己的名下，作为自己的封邑，又进一步扩大地盘，直到都城附近。

这一下可震动了整个都城，震动了朝野上下，人心动荡了。公子吕急急忙忙赶到朝廷，显得万分惊惶，大声奏道："国君，大事不好了，京城太叔把地盘眼看就扩张到都城旁边了，您看怎么办?"

庄公还是一副稳坐钓鱼台的样子，听了公子吕的话面不改色，从从容容地说道："公子吕，别这么大惊小怪的。我以为发生了什么大事，把你吓得这样。京城太叔不就是扩大了他的封邑吗?这也值得你如此紧张?"

"国君，您千万不要掉以轻心!京城太叔势力再雄厚下去，将更会得到民心，那时就会悔之晚矣。现在可到了下手根除的时候了，您可别忘了养虎贻患呀。"

庄公这才正色说："没有正义就不能团结人，势力雄厚了，反而会分崩离析。我想京城太叔自己正走到这一步，你就等着瞧吧。"

京城太叔经过几年的努力，把城池整治得十分坚固，把粮草聚集得十分充足，把武器补充得十分完备，把士卒训练得十分勇猛，认为自己的羽翼已经丰满，实力足够与庄公争衡，便寻找时机，准备袭击都城新郑。

郑庄公对弟弟京城太叔的野心从一开始便有所察觉，密切关注着他的一举一动，只是不动声色，静观待变。如今，庄公认为京城太叔表演得已够充分，夺取君位的野心已暴露无遗，觉得除掉他的时机已经成熟，就派大夫公子吕做好攻伐的准备，然后向大臣们宣布，说他要到国内视察些日子，便带着随从离开了都城。

武姜听说庄公不在都城，便连忙写了一封密信，派身边的心腹送往京城，告诉太叔这一消息，约他马上起兵攻打新郑，并说自己给他做内应，到时候为他打开城门，嘱咐太叔万万不要错过这个机会。

京城太叔收到母亲的信，心中十分高兴，当即写了回信，并约定了攻打的日期。随后便整顿军马，浩浩荡荡地向新郑杀来。

公子吕率领二百辆战车，共有甲士、步卒一万五千人，早在从京城通往新郑的路上严阵以待。京城太叔突然遇到强兵猛将，心中就慌乱起来，阵势还没有布好，就被公子吕率兵杀来，打乱了阵脚，军队全部溃退下来。京城太叔不得不向京城撤退。

京城里的驻军、百姓早就不满太叔的做法，见太叔溃败，急忙紧闭城门，不让太叔进城。太叔知道大势已去，又回不了京城，便仓皇地逃往鄢地。庄公亲自统率大军，会合公子吕到鄢邑追剿。鄢邑是一座小城，不堪一击，当即被攻破。

太叔在众叛亲离的危急形势中，知道自己势单力孤，难以再在郑国立足，便带领几个随从连夜逃到共国去了。

庄公在京城太叔的府中搜到了母亲写给弟弟的亲笔密信，对母子勾结窃取他君位的阴谋十分恼怒。回到新郑后，便去见母亲，怒气冲冲地把她写给京城太叔的信递过去。武姜一见自己的亲笔密信，当即羞得满面通红，无地自容，一句话也说不出来。庄公阴沉着脸，压制着怒火，说道：“母亲，这事您做得太过分了。我知道您从我一生下来就不喜欢我，我做国君是父亲的遗命，而且全天下都是立长为君，连天王也执行这种继嗣之法。您凭自己的好恶非要让小儿子做国君，那不是乱了祖宗的家法吗？真要让叔段夺了君位，那郑国就要大乱了。我看您也没有什么脸面再在新郑住下去了，我把您送到颍城去住吧。”

武姜赧颜，无言答对。庄公狠了狠心，对武姜发誓说：“母亲，不到黄泉我再也不见您了！不是孩儿心狠，是您先做了狠心的事。”说完头也不回地走了出去。

武姜一人住到了颍城，十分孤单寂寞。

过了些日子，庄公对自己的做法又有些后悔了，觉得把母亲撵到颍城这种做法有些欠妥。因为当时特别讲究孝道，一个国君连自己的母亲都容纳不了，怎么给全国的臣民做孝顺父母的表率？就想去会见武姜。可是他又发过誓言，不到黄泉永不相见。如果去见母亲，就毁弃了誓言，作为一国之君，说话不算数，就在全国百姓面前失掉了信义，以后说话就会没人相信了。

正在庄公左右为难之际，有个管理颍谷的官员叫颍考叔，他听说了这件事，就带了些当地出产的山珍野味，前去拜见庄公。庄公赏赐他吃饭。在吃饭的时候，庄公让侍从给他端上一大盘带汁的肉。可是颍考叔却一块肉也不吃，只吃些蔬菜。庄公见了觉得奇怪，便问道：“你为什么不吃肉呢？是我们的厨师烹制的肉不好吃吗？”

“不是。方才小人蘸了点肉汁泡到饭里，觉得味道特别香美，就舍不得吃了。”

“为什么呢？”

“小人家中有老母，小人的各种美味她老人家都吃过了，只是没有尝过国君吃的带汁的肉，所以就把肉放在一边，请您允许我把这些肉带回去给母亲尝一尝。”

庄公听了，十分感动，便赞叹地说：“颍考叔，你真是个大孝子啊，你给全国的臣民树立了孝顺的榜样。”

颍考叔谦逊地说："我在山林中看见老乌鸦孵出小雏之后，每天在林中捕捉昆虫哺喂小雏，等到小雏羽毛丰满可以飞离鸟巢了，老乌鸦也累得褪尽了羽毛，不能出飞了。这时小乌鸦就四处寻食，喂养老乌鸦。人们把这叫做'乌能反哺'。难道我还能不如一只乌鸦吗？我能不时刻惦念着母亲吗？"

庄公听颍考叔话中有话，就轻轻叹息了一声，有些难为情地说道："你有母亲可以为她送肉，我也有母亲，却无法为她送些食物。"

"国君这话是什么意思？"

庄公就把让母亲住到颍城、并发誓不到黄泉不再相见的话，从头至尾说了一遍，最后又告诉他对这件事的做法有些后悔了。颍考叔听完，稍加思索，就说道："这事有什么为难的。您发过誓只有到黄泉才能彼此见面，按意思是死后再相见。可是您没有说过'死'这个字，只说'到黄泉'，这就好办了。如果派人到那里去挖隧道，一直往深挖到出现泉水，这不就是见到黄泉了吗？然后国君到隧道里和姜氏相见，这不完全符合誓言吗？谁能说国君言而无信呢？"庄公觉得颍考叔说得颇有道理，面露喜色，满意地点了点头，对他说道："这事就交给你去办吧。"

颍考叔回到颍城，指挥当地百姓，大兴土木，挖了又深又宽大的隧道，并在里面修建了一所宫殿似的房子，旁边有潺潺的清泉流淌，把武姜请进去居住。又把庄公从新郑请来，到隧道中与武姜相见。

◎ 春秋早期 龙形玉佩

庄公让随从们都留在隧道外面，只身一人进入隧道，见了母亲参拜完毕，就赋诗说："住在深深隧道中，身心静穆乐融融。"说罢搀扶着母亲走出了隧道。武姜来到隧道之外，只觉得阳光灿烂，春风和煦，也赋诗说："走出深深隧道外，顿觉心神很愉快。"于是母子重新和好，一同乘车返回了新郑。

历代名家点评

孔子评左丘明其人：与左丘明同时代的孔子没有明确说左丘明是鲁国人，但对他很敬佩，曾说："巧言，令色，足恭，左丘明耻之，丘亦耻之；匿怨而友其人，左丘明耻之，丘亦耻之。"可见左丘明是一个很正直的人。

周郑交质

◎ 隐公三年（公元前720年）

阅读提示

我国古代有一种互换人质的做法，就是王朝与封国之间，为了表示彼此友好、信任，就把国君的子弟送到对方的国家作为人质。如果有一方不履行诺言，人质就有被监禁或杀害的危险。春秋初年，各诸侯国中唯有郑国敢于向周天子挑战，周天子为削弱郑的力量，便采取这种交换人质的做法，史称“周郑交质”。

人物

周平王：姬姓，名宜臼。西周幽王的儿子，是东周第一位国王。公元前771年，周幽王被犬戎杀死，太子宜臼受到诸侯的拥戴，在申（今河南南阳北）即位，称周平王。为了躲避犬戎的追杀，平王将都城迁至洛邑（今河南省洛阳），史称东周。

原文

郑武公、庄公为平王卿士[1]，王贰于虢。郑伯怨王，王曰：“无之。”故周郑交质[2]。王子狐为质于郑，郑公子忽为质于周[3]。王崩，周人将畀[4]虢公政。四月，郑祭足帅师取温之麦[5]。秋，又取成周之禾。周郑交恶。

君子曰：“信不由中，质无益也。明恕而行，要之以礼，虽无有质，谁能间之？苟有明信，涧溪沼沚之毛，蘋蘩蕰藻之菜，筐筥锜釜之器，潢汙行潦之水，可荐于鬼神，可羞于王公，而况君子结二国之信，行之以礼，又焉用质？风有《采蘩》、《采蘋》，雅有《行苇》、《泂酌》，昭忠信也。”

注释 <<<

①卿士：王卿之执政者。郑武公、郑庄公父子都曾任此职位。

②质：人质。周与郑互相交换人质，以保证遵守承诺。

③王子狐：周平王之子。郑公子忽：郑庄公之子。

④畀(bì)：授予。

⑤祭足：郑国大夫。温：周王畿内小国，在今河南省温县稍南三十里。

史纪风云

周平王自从东迁以后，天子的权威逐渐衰微，很想得到一个有势力的诸侯前来辅佐，以加强王权，号令天下。

郑庄公平定了弟弟京城太叔的叛乱，国势日渐强大，威震诸侯。天子周平王对郑庄公很看重，就让他继承他父亲郑武公的职位，继续担任周朝的卿士，协助自己管理国家的大事。卿士在周代是个最高的官位，相当于后来的宰相，卿士掌管着国家的军政大权，处理朝中日常事务，还可以代表天子向诸侯发号施令，所以诸侯们对这一职位都十分重视。

郑庄公当上周平王的卿士之后，就到周朝都城洛阳主持国政。郑庄公是一个很有才干的人，把国家大事处理得井井有条。周平王对郑庄公也很信任，把朝政交给他全权处理。郑庄公又是一个很有心计的人，他想借担任卿士的机会，进一步加强郑国的国力，提高郑国的威望，所以常常借处理政事之机，偏袒郑国。每当让诸侯缴纳贡赋的时候，郑庄公都让别的诸侯国多缴纳一些，而让郑国少缴纳一些；每当出兵征伐一些不听天子之命的国家的时候，郑庄公都向其他诸侯国多征调一些战车、兵卒，却让郑国的将领担任联军的统帅。这些做法渐渐激起了诸侯的不满。

周平王对郑庄公不公平的做法，也早有察觉，但考虑到郑国势力强大，能威慑诸侯，又觉得郑庄公富有才智，把朝政处理得较为妥帖，也就没有说什么。但是郑庄公得寸进尺，有许多军国大事，也不向周天子禀奏，就擅自处理了，事后也不向周天子禀明结果。周平王对郑庄公专擅朝政的做法越来越不满了，但又不好一下子撤掉他卿士的职务，就为这事犯起难来。

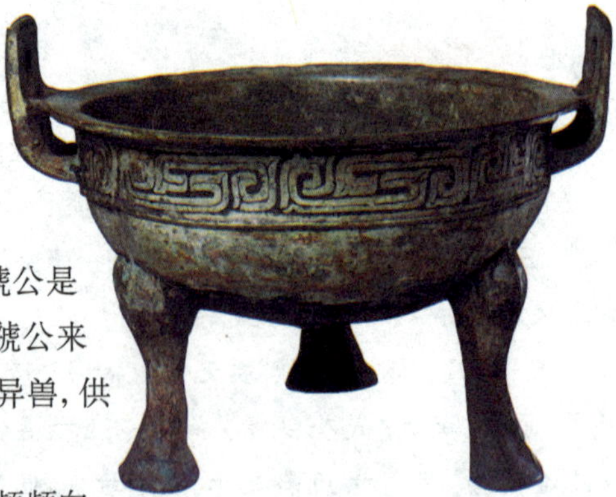

正在这时，虢公前来朝觐周天子。虢公是虢国的国君，也是周天子的同姓家族。虢公来时带了大批名贵的贡品，还有一些珍禽异兽，供周平王观赏。

周平王设宴款待虢公。酒宴间虢公频频向平王敬酒，祝天子万寿无疆，表现得谦卑有礼，十分恭顺。周平王面对美酒盛宴，却食不甘味，难以下咽，并不断地唉声叹气，现出无限愁苦

春秋前期 陈侯鼎

周国与郑国交换人质的做法并没有换来和平

的神情，仿佛有无限的心事令他排解不开。

虢公恭恭敬敬地向周平王献上一杯酒，十分有礼貌地问道：“天王，为何闷闷不乐呢?难道有什么心事吗?可否告诉臣下?”

“唉!”平王长叹一声就默默不语了。

“天王有何为难之事，不妨说与臣下，臣下也好为天王解忧啊。”

“虢公，你有所不知。我本来认为郑庄公为人干练，也有掌握国政的能力，所以就让他接任他父亲的职位，仍然担任我周朝的卿士。他任职之始，倒也尽心尽力，关心天下百姓。凡遇军国大事，都向我禀奏，请求定夺，许多事情大都处理得圆满得体，省去了我不少心思。诸侯们也多数对他认可，没有什么不满。”

“这不是挺好吗，天王还有什么不顺心的?”

“你往下听啊。后来这个郑庄公可就越来越不像就任伊始那样了。”

虢公听到这里，完全揣摩到了周平王的心思，就现出气愤的神色，说道：“天王不必说了。郑庄公后来的行为天下人有目共睹，尽人皆知。他专权擅政、独断专行、飞扬跋扈、为所欲为，所有的诸侯对他早就十分不满了。只是有碍于天王对他的信任，不好说什么罢了。”

“我确实对他信任过，但他现在这样做，我还能再信任他吗?虢公，我想罢免郑庄公的卿士职务，你以为如何?”

“天王，臣下以为不妥。现在郑庄公国力雄厚，朝中又大多是他培植的亲信，猝然罢免他的职务，怕会激出什么变故来。”

“你以为如何处置才好?”

“天王不妨再任命一位卿士，和郑庄公同掌国政，逐渐削弱他的权力。等到把他手中的权力分割殆尽，他也就掀不起什么风浪了。”

“虢公所言极是。我现在就封你为卿士，你要在朝中时时处处牵制他。”

“臣下谨遵天王之命。”

第二天朝会之时，周平王以朝政众多，需要再任命一位卿士为由，向天下颁发诏令，封虢公为卿士。

郑庄公在朝中听到平王的任命，先是一惊，知道这是平王不信任自己了，便怒火填膺，待要发作，又觉得不妥，就不动声色，静观待变。

周平王从此把所有的政事都直接交给虢公去处理，好像郑庄公根本不存在似的。虢公秉承平王的旨意，把大小权力全部揽在自己的手里，什么事情也不同郑庄公商量。郑庄公觉得自己这个卿士在朝中如同虚设，什么权力都没有，就对周平王十分怨恨，想离开王都，回到自己的封国，以要挟周平王。在一天朝会之时，郑庄公就直接对周平王提出了自己的想法：“天王陛下，下臣留在朝中已没有任何事情可做，只不过是一个摆设。明日下臣就回新郑去了。有陛下信任的虢公来掌管朝政，就完全可以了。望陛下好自为之。”

周平王知道郑庄公怨恨自己，也知道这种事情早晚总会发生，但他也知道郑国兵强马壮，国力雄厚，郑庄公回国后，对自己的天下是一个严重的威胁，便挽留他，让他继续住在王都。但是郑庄公决意不肯留下，便言不由衷地说：“天王陛下，下臣回到新郑，对天王仍然一片忠心，朝中发生什么事，如果需要臣下，只要天王一个诏令，臣下立即前来勤王，决不会有什么二心。”

“既然你决意离开王都，我也挽留不住，那就悉听尊便吧。不过，我可以明白地告诉你，我对你仍像以往一样地信任，望你不要听信小人的谗言，也要好自为之。”

“臣下这就拜辞了。”

“且慢。你我既然都表示互相信任，我们就彼此放心了，但是用什么来保证我们都有这份诚意呢？”

“天王，我看还是我对天盟誓吧，请上天作证，让神灵监督我的行为吧。”

“这固然是约束双方的一种办法，不过这仅仅是一种形式而已，约束力是很有限的。”

“天王说应当怎么办？”

“我看还是互相交换人质吧。”

古代有一种互换人质的做法，就是王朝和封国之间，或封国与封国之间，为了表示彼此友好、信任，如果发生了战争，双方互为援助，也相互牵制，就把天王的子弟或国君的子弟，送到对方的国家，作为人质。如果有一方变心，或不执行诺言，人质就有被监禁或杀害的危险。这种做法，当时称为“交质”。

郑庄公虽然不满意这种“交质”的做法，但是周平王提出来了，他也不便拒绝，因为一拒绝，就显示出他没有诚心了，便说：“好吧。我回新郑后，马上派人把我的儿子公子忽送到王都成周来，让他侍奉天王。”

“不必这么匆忙，你可在成周暂住数日，派人回新郑，把公子忽护送来。我再派卫士护送我的儿子王子狐和你一同到新郑。”

郑庄公不能拒绝，只好从命。

不久，郑国的公子忽作为人质来到成周，王子狐作为人质去了郑

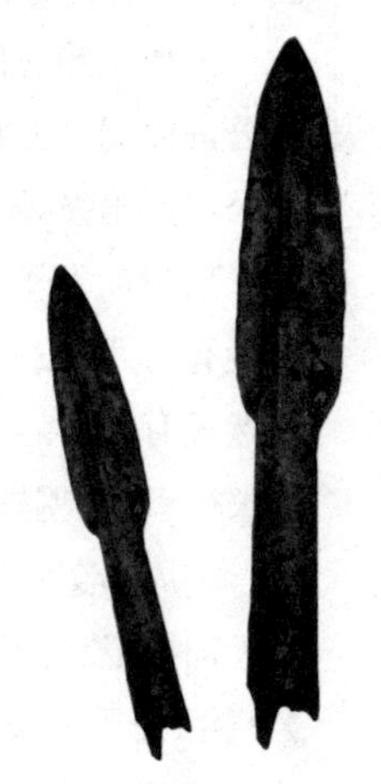

◎ 春秋战国时期 矛

从原始社会时，人就开始使用兽角、竹片、尖形石块刺杀动物，后来加上柄，就成了矛。

国的新郑。这就是历史上有名的“周郑交质”。

人质虽然交换了，但是双方的芥蒂并没有消除，彼此提防戒备。虢公遵照周平王的命令，在边境上驻扎了重兵，加强了巡逻警戒，郑庄公也派出强兵猛将，在险要之地驻守，以防不测。

后世的君子评论“周郑交质”说：言语不出自衷心，即使有人质也没有用处。设身处地，互相谅解，而后行事，不用礼仪加以约束，虽然没有人质，又有谁能离间他们？如果建立了两国的信任，能按照礼仪行事，又哪里用得着人质？

“周郑交质”并没有约束住郑庄公，他对周平王仍然心怀怨忿，总想伺机报复。正在他寻找恰当的时机和理由的时候，周平王于鲁隐公三年(公元前720年)逝世。按照当时的规矩，天子死后要停柩七个月才下葬，这期间天下的诸侯要全部赶往洛阳，参加天子的葬礼。

主持朝政的虢公派使臣前往新郑，给郑庄公送去讣告，并要求他把王子狐送回王都奔丧。郑庄公不能再留住人质了，只好和王子狐一同起身赴丧。他也想趁此机会在葬礼结束后把公子忽带回郑国，并顺便窥伺一下周王朝的动静。

郑庄公到了洛阳之后，周人并没有用隆重的礼仪接待这位担任卿士的国君，只是像对待一般诸侯一样。丧礼也没让他来主持，而是由虢公来操办一切。葬礼结束之后，周人准备把政权全部交给虢公，由他全权处理朝政。郑庄公对受到的冷遇，对权力的被剥夺，都十分不满，怀恨在心。周平王的葬礼一结束，他立即带领公子忽返回郑国。

◎ 春秋早期 龙凤纹壶

在返回途中，郑庄公一行人经过周朝的温地，看到那里的麦子长得特别好，田野一片金黄，微风吹来，掀起层层麦浪，散发着诱人的香气。郑庄公心中暗暗拿定了主意。

回到新郑之后，郑庄公立即派祭足为使臣前往成周，向虢公借粮，说道：“郑国去年遭了旱灾，今年又遇上蝗灾，百姓没有粮吃，正在忍饥挨饿。”虢公知道郑国去年明明是个丰年，今年也没有发生蝗灾，他这是在囤积粮食，减少周朝的储备，便一口回绝了。他说：

"王朝去年也闹了蝗灾，粮食歉收，王室也正在节衣缩食，更不用说百姓了。哪有多余的粮食借给你们呢？"

郑国的使臣祭足说："臣下奉国君之命，前来借粮，万望虢公能让臣下完成使命，不然臣下不好回国交待。"

虢公不客气地说："据我所知，郑国国力雄厚，几年来已存贮了大批粮食，就是有些自然灾害，也不至于断粮。"

郑使祭足辩解说："虢公又不在我们郑国，怎么会了解我们的实际情况呢？再说，郑国连年受灾，就是有点储备也早用光了。"

"祭足，你这话可是言不由衷。我知道近些年全天下都是大丰收，为什么单单郑国闹粮荒呢？这恐怕是郑庄公另有所图吧？"

"虢公，你主持朝政，可不能血口喷人啊。"

"祭足，这可不是一个臣子应当说的话，你不要仗着庄公，忘了自己的身份。"

"臣下是奉使而来，代表郑国，你不借粮，是何居心？你要记住，郑国和你的虢国，和周王可都是同姓宗族啊，你怎么能一点没有同宗之情呢？再说，我们国君曾经同平王交换过人质，这表示以后要互相信任，你现在这种做法不是在破坏信任吗？"

◎ 春秋时期 蛟龙纹镜

"祭足，我实话告诉你，天朝很愿意同郑国永远友好下去，互相信任。只是天朝也正在闹饥荒，我还正想派人到你们郑国去借些粮食呢。我现在就正式通知你，你回国后禀告郑庄公，让他先把欠王朝的贡赋送些来，以解天朝百姓的燃眉之急。"

祭足不仅没有借到粮食，反而被让捎信回去缴纳贡赋，当即沉下脸来不辞而别。

郑庄公听罢祭足的禀奏，随即问道："祭足，你回来之时，看到温地麦子成熟了没有？"

"回禀国君，依臣所见，再有三两天麦子就要熟了。据当地农夫说，麦熟一晌，现在那里的每块田地上都有农夫在认真观察。"

郑庄公沉思片刻，做出决定说："祭足，你马上带领两万军卒，准备好镰刀、车辆，同时携带武器，前往温地抢割周朝农民的麦子。"

"谨遵君命，臣立即出发。"

祭足率领两万大军浩浩荡荡地向温地进发，来到麦浪滚滚的田边，扎驻人马，挥动起镰刀，唰唰地割了起来。不一会儿，麦子就倒下了一大片。

温地的农夫听说郑国的军队来收割自己的麦子，急忙从村中涌向田间，但是见到郑军兵强马壮，人数众多，都畏缩着不敢上前。几个胆大的壮汉上前理论，早被蛮横的郑军打翻在地。郑国将军祭足走到温地百姓前，高声说："我们郑庄公向你们周朝借粮，以度荒年，执政的虢公已经答应，让我们自己收割，你们都回去吧，不要妨碍我们割麦子的行动。谁再敢上前，格杀勿论。"

不到一天的工夫，温地的麦子被全部割光，郑军装满了车辆，返回了新郑。身后留下了温地农夫无助的哀号，飘散在田野。

周王朝自东迁以后势力衰微，已无力号令诸侯，虢公也只好眼睁睁地看着自己辖下的农夫遭欺负、受损失。各诸侯国见郑国势力强大，自顾不暇，也无力勤王，只有保全自己，不敢去招惹郑国。

郑庄公认为这次抢麦行动壮了国威，周王朝竟未敢发兵征讨，胆子就更大了。这年秋天，又到了庄稼成熟的季节，田野里金浪翻滚。郑庄公又想再一次去抢夺周王朝的庄稼，就派祭足前往成周，明面上是前去缴纳贡赋，尽一个诸侯应尽的义务，暗中窥探周朝哪里的庄稼长得最好，以便派兵前去抢劫。

祭足在返国途中做了仔细观察，回复郑庄公说："成周(今河南洛阳市东北)四郊的谷子长得特别好，秆粗穗大，籽粒饱满，我看可以到那里去收割。"

"好，你就率领今年夏初的那两万军卒，再到成周去割谷子吧。"

郑庄公两次派军抢粮，使周王朝和郑国结下了仇恨。"周郑交质"，并没有使郑庄公讲究诚信，只是徒有虚名罢了。

石碏大义灭亲

◎ 隐公三年～四年（公元前720年～公元前719年）

阅读提示

春秋时卫国大夫石碏曾劝谏卫庄公，希望他能够教育好儿子州吁。庄公死后，卫桓公即位，州吁伙同石碏的儿子石厚密谋杀害桓公篡位，为了日后能坐稳江山，州吁便派石厚去请教石碏。石碏怒斥儿子大逆不道，献计给陈国的桓公，最终州吁与石厚被桓公杀死。“大义灭亲”这一典故便源于此。

人物

石　碏：石碏(què)是石姓的始祖，春秋时卫国大夫。他的儿子石厚与州吁密谋杀掉桓公，石碏诱骗州吁和他的儿子前往陈国将其杀死，迎立公子晋为国君。《春秋》赞美其大义灭亲，称为纯臣。

原文

卫庄公①娶于齐东宫得臣之妹，曰庄姜，美而无子，卫人所为赋《硕人》②也。又娶于陈，曰厉妫③，生孝伯，早死。其娣戴妫生桓公，庄姜以为己子。公子州吁，嬖人之子也④，有宠而好兵。公弗禁，庄姜恶之。石碏⑤谏曰：“臣闻爱子，教之以义方，弗纳于邪。骄奢淫佚，所自邪也。四者之来，宠禄过也。将立州吁，乃定之矣，若犹未也，阶⑥之为祸。夫宠而不骄，骄而能降，降而不憾，憾而能眕者⑦鲜矣。且夫贱妨贵，少陵长，远间亲，新间旧，小加大，淫破义，所谓六逆也。君义臣行，父慈子孝，兄爱弟敬，所谓六顺也。去顺效逆，所以速祸也。君人者将祸是务去，而速之，无乃不可乎？”弗听。其子厚⑧与州吁游，

注释 <<<

①卫庄公：名扬，在位二十三年。

②《硕人》：见《诗经·卫风》，据说是国人为忧悯庄姜贤而无子所作。

③陈：国名。厉妫：妫，姓，为舜之后裔；厉妫，陈女，亦为庄公夫人，厉为其谥号。

④公子州吁：卫庄公庶子。嬖人：地位卑下而受宠幸的人，这里指庄公宠妾。

禁之，不可。桓公立，乃老。

四年春，卫州吁弑[9]桓公而立。公与宋公为会，将寻宿之盟。未及期，卫人来告乱。夏，公及宋公遇于清。

宋殇公之即位也，公子冯出奔郑，郑人欲纳之。及卫州吁立，将修先君之怨于郑，而求宠于诸侯，以和其民。使告于宋曰："君若伐郑，以除君害，君为主，敝邑以赋与陈、蔡从，则卫国之愿也。"宋人许之。于是陈、蔡方睦于卫，故宋公、陈侯、蔡人、卫人伐郑，围其东门，五日而还。公问于众仲曰："卫州吁其成乎？"对曰："臣闻以德和民，不闻以乱。以乱，犹治丝而棼[10]之也。夫州吁，阻兵而安忍。阻兵无众，安忍无亲，众叛亲离，难以济矣。夫兵犹火也，弗戢将自焚也。夫州吁弑其君而虐用其民，于是乎不务令德，而欲以乱成，必不免矣。"

秋，诸侯复伐郑。宋公使来乞师，公辞之。羽父[11]请以师会之，公弗许，固请而行。故书曰"翚帅师"，疾之也。诸侯之师败郑徒兵[12]，取其禾而还。

州吁未能和其民，厚问定君于石子。石子曰："王觐[13]为可。"曰："何以得觐？"曰："陈桓公方有宠于王，陈、卫方睦，若朝陈使请，必可得也。"厚从州吁如陈。石碏使告于陈曰："卫国褊小，老夫耄[14]矣，无能为也。此二人者，实弑寡君，敢即图之。"陈人执之而请莅于卫。九月，卫人使右宰丑莅杀州吁于濮，石碏使其宰獳羊肩[15]莅杀石厚于陈。

君子曰："石碏，纯臣也，恶州吁而厚与焉。大义灭亲，其是之谓乎！"

⑤石碏（què）：卫大夫。
⑥阶：阶梯。
⑦憾：怨恨。眕（zhěn）：《说文》解作："目有所恨而止也。"即心中愤恨而能克制。这里指控制自己。
⑧厚：石碏之子，与州吁交往密切，石碏加以制止也不听从。
⑨弑：下杀上曰弑，多指臣杀君，子杀父一类。
⑩棼（fén）：纷乱。
⑪羽父：鲁大夫公子翚，字羽父。
⑫徒兵：步卒。春秋时各国皆以车战，唯独郑、晋及蛮夷戎狄用徒兵。《左传》中有三处记郑国之徒兵，可见为其武装力量的组成部分。虽然如此，郑国仍以车战为主，徒兵之败，只是小挫折而已。
⑬王觐：即觐王，朝见周天子。
⑭耄：老也，八十曰耄。石碏讲国小己老，无所作为，请求陈国协助讨贼。
⑮獳（nòu）羊肩：石碏家臣之长。卿大夫之家皆有臣，家臣之长称宰。

史纪风云

鲁隐公三年(公元前720年)，宋国的国君穆公患了重病，已经卧床不起了。他知道自己将不久于人世，便急着把身后的事情安排妥当，其中最重要的一项就是确定君位的继承人。宋穆公经过再三考虑，反复权衡利弊，决定把宋国的君位传给侄子与夷，而不传给自己的儿子公子冯。

宋穆公在宫中的病榻前召见大司马孔父，赐他座席，让他坐在身边，有气无力地说："寡人在世的日子不会太多了，

你是国家的重臣，身任大司马之职，掌握着兵权。寡人的身后之事全都托付给你了。”

大司马孔父听到这里，连忙离席起立，毕恭毕敬地说：“国君，不必忙着处理身后的事。我相信有上天的保佑，国君的病会好起来的。”

“你不用安慰寡人，寡人已病入膏肓，无药可救了。寡人心中有数，所以请你前来共商国是。”

宋穆公气喘吁吁、断断续续地说着，现出十分吃力的样子。勉强说完这几句话，就止不住地咳嗽起来，然后就闭上了眼睛，胸脯剧烈地起伏着。孔父连忙走上前，俯下身，轻轻地抚摩着宋穆公的胸脯。宋穆公顺势握住孔父的双手，有气无力地说道：“孔父，寡人自即位以来，就一直重用你，你万万不可辜负了寡人的重托。”

“臣下深受国君的知遇之恩，当效犬马之劳。国君有什么吩咐，臣下谨遵圣命，虽赴汤蹈火，亦在所不辞。”

宋穆公听孔父信誓旦旦地表现了无限的忠心，要挣扎着坐起身来，孔父急忙扶住他的上身，让他躺着不动，说道：“国君还是躺着授命吧，臣下恭敬地听着呢。”

宋穆公现出十分庄重严肃的神色，用坚定不疑的语气说道：“寡人决定把君位让给侄儿与夷继承。孔父，你要诚心诚意地辅佐他。”

大司马孔父听罢，面现惊惶，急忙说道：“国君，此事恐不妥吧。按照夏、商、周三代以来的继嗣之法，当是子继父位。国君应把君位传给您的儿子公子冯，这才名正言顺。”

“此言差矣，嗣法并非一成不变，寡人的君位是从哪里得来的，你是知道的。”

“当年先君宋宣公把君位传给了您。”

“不错。先君宋宣公是寡人的兄长，他临终之时放弃了自己的儿子与夷，没有传位于他，而是立了寡人为国君，这不是弟承兄位吗？寡人永远不敢忘记这件事情。如果托大司马的福，寡人得以保全首领而死，遇到在天之灵的先君，他问起与夷，寡人将用什么话来回答呢？我没有把君位让给与夷，我会无言以对。”

孔父十分诚挚地说："国君，事情确实如此，但是现在的情况不同了。"

"没有什么'但是'，我的主意已定，决心把君位传给与夷，请你侍奉与夷主持国家大政，寡人虽然死去，也没有什么后悔了。"

"不过，国君要知道，群臣愿意侍奉君王的儿子公子冯啊！"

宋穆公斩钉截铁地说："这绝对不行！先君宣公认为寡人有德行，让寡人继位主持国政。如果丢掉道德而不让位，这就是废弃了先君当年的选拔，哪里还能说有德行？发扬光大先君的美德，难道能不急于从事吗？寡人不能废弃先君的功业，你也万万不能辜负寡人的重托。"

孔父有些为难地说："现在公子冯仍居住在国内，国君一旦归天，群臣拥戴公子冯为君，臣下虽然拥有重兵，可是国家就要发生战乱了。"

"这事好办。"宋穆公胸有成竹地说，"现在寡人就命令公子冯出国，到郑国去侨居，郑庄公还和我们友好，会很好接待他的。等到公子冯在郑国安顿下来，寡人就向国人宣布由与夷继位。"

◎ 石碏大义灭亲

"国君考虑得很周全，百姓这就免去了一场战争的灾难。我一定尽心辅佐与夷。"

宋穆公向国人宣布了将来由与夷继承君位的诏命，宋国的臣民都称赞穆公继承了宣公的道义，他的遗命表现出了高风亮节。

八月初五，宋穆公逝世，与夷顺利地登上君位，这就是春秋时期的宋殇公。

宋穆公逝世的讣告传到郑国，郑庄公当即打算派兵护送公子冯返国，继承君位，但当日宋殇公就即君位，大司马孔父就派兵到边境驻扎，在国内也加强了警戒的力量。郑庄公觉得强行送归公子冯，必然挑起一场战争，引起诸侯对他干预宋国内政的不满，便打消了念头，仍让公子冯住在郑国，让他伺机再起。

这时卫国的公子州吁自立为国君，想提高自己在诸侯中的威望，就打算利用郑庄公送公子冯回国的机会，向郑国报复前代国君结下的怨仇，以此讨好诸侯，安定国内的人民，巩固自己在国内的地位。

这位公子州吁是卫庄公的宠姬所生的儿子，从小受到卫庄公的宠爱和娇惯。公子州吁逐渐长大，喜欢武事，整日弄枪舞戟，惹是生非，搅得宫中不安，嫔妃们都不喜欢他，尤其庄公的夫人庄姜更是讨厌他。

庄姜是齐国太子得臣的妹妹，嫁给卫庄公后，名叫庄姜。庄姜长得十分美丽，卫国人都很尊重她，为她创作了《硕人》这首诗，歌颂她的美貌：

手指纤纤如同柔滑的春茅芽儿，
皮肤白皙好像洁润细腻的凝脂。
颈项柔长仿佛雪白滑润的蝤蛴，
牙齿洁白恰似排列整齐的葫芦籽。
前额方正如小蝉，秀眉细弯似蛾须，
轻盈笑时露出两个深深的酒窝儿，
眼珠黑白分明像秋波一样含情脉脉。

庄姜没有生下一儿一女，卫庄公又娶陈国的女子为妻，名字叫做厉妫，厉妫的妹妹戴妫作为媵妾随嫁。厉妫生了孝伯，但他短命夭折了。戴妫生了个男孩儿，取名叫完。庄姜把他作为自己儿子，收在宫中由自己抚养教育。这个男孩儿就是后来的卫桓公。

公子州吁不喜欢这个异母兄长，仗着自己身高力大，又有父亲的宠爱，经常欺凌、侮辱自己的哥哥，显得十分傲慢无礼。公子完对州吁总是忍让，对他所做的一些违礼、违法的事和放荡不羁的行为，不时地加以劝阻。这就更激起了州吁的不满和怨恨，他对公子完更是恶语相加。

庄姜听到公子完受欺侮的事，对州吁更厌恶了，总是到卫庄公那里去诉说公子州吁的不是。卫庄公却袒护州吁，说道：“州吁年岁还小，你作为夫人不要和他一般见识，我想这是小孩子的恶作剧，再长大一些，自然就会好了。”

◎ 春秋前期 青铜器

“国君，您可不能这样无边无际地宠爱他，这会把他惯坏的。那不仅会为他本人招来祸患，也会给国家带来灾难。”

“夫人，你不要危言耸听，我想他不会像你说的那么糟的。”卫庄公打断了庄姜的话，替州吁开脱着。庄姜忍无可忍，单刀直入地提出了实质性的问题：“国君，将来卫国的君位由谁来继承?”

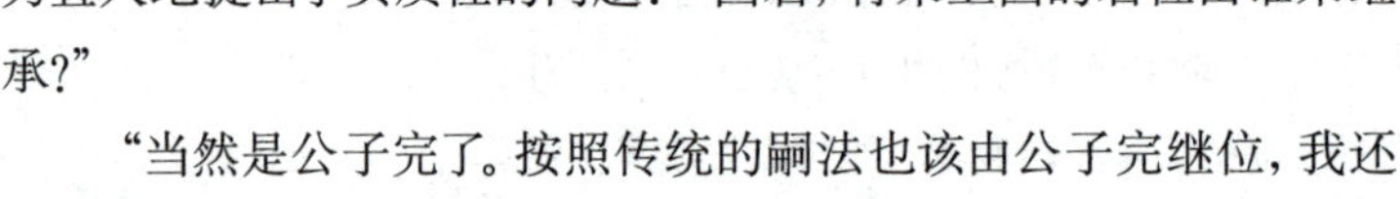

“当然是公子完了。按照传统的嗣法也该由公子完继位，我还没老到糊涂了，我不会不顾祖辈传下来的老规矩的。”

庄姜对庄公的回答感到满意，但是仍对州吁的飞扬跋扈不放心，就劝告庄公说：“国君应当对州吁严加管教，不能让他为所欲为，现在就要让他对自己的恶行有所收敛。不然的话，在公子完即位之后，州吁就会杀了他而夺取王位，那样卫国就会动荡不安了。”

庄公对庄姜的劝告置若罔闻，仍然任公子州吁恣意放纵，丝毫不加管束。

卫国的一位老臣石碏，为人正直，忠于国家，对公子州吁无法无天的行为十分忧虑，也对卫庄公对他的偏爱袒护十分担心，也不管庄公爱听不爱听，曾多次对他劝谏，但卫庄公只当做耳旁风，毫不在意。石碏见州吁的放荡之行愈演愈烈，便又一次上朝直言进谏：“国君，人人都喜欢自己的儿子，这是人之常情，无可厚非。但是我听说喜欢儿子，应当用道义去教育他，让他不要走上邪路。骄傲、无礼、违法、放荡，这些就是走上邪路的根源。这四种恶德之所以发生，就是由于宠爱太过分。国君，您说是不是这么个道理?”

“道理一点不错，确实是这么个理。”卫庄公先肯定石碏的话，接着就辩解说：“但是我只是对州吁偏爱一点儿，这能算是宠爱吗?

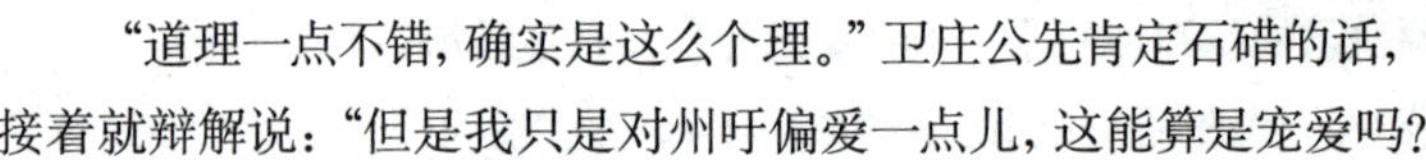

更不能说是太过分。”

“臣下以为您身为一国之君，您的一举一动都是臣民的表率，您的做法、决策，会对国家产生深远的影响。就说您对州吁的态度吧，如果打算立他为太子，那就请您尽早确定下来；如果还不尽早确定下来，那就会逐渐酿成祸乱，这对国家十分有害。”

卫庄公点了点头说：“这道理我懂。我遵奉立长不立幼、立嫡不立庶的原则，我还是准备让公子完继承君位，不打算立州吁为太子。”

“既然如此，那么就请国君从现在开始不要对州吁太溺爱了，太亲近了，要对他严加管束，使他的放浪行为有所收敛。不然的话，不仅有害于州吁，也不利于公子完。”

石碏的话说得十分诚恳，但卫庄公却无动于衷，两眼直愣愣地盯着房檐上的两只鸟儿，仿佛石碏根本就不存在似的。石碏见状，一阵心寒，但对卫国的责任感，又促使他不能不把话全部说出来，于是他又不厌其烦地从道理上开导卫庄公。

“国君！”石碏高声地呼唤了一句，把卫庄公的注意力吸引到自己的身上，才又说道，“请您认真地想一想，那种受宠而不骄傲，骄傲而能安于地位下降，地位下降而不产生怨恨，怨恨却能克制住自己的人，是非常少的。州吁不被立为太子，将来不能继承君位，他会甘心吗？”

庄公轻描淡写地说：“我想他会甘于自己的地位的，他是弟弟，怎么能不服从兄长呢？”

石碏直截了当地指出州吁的危害：“现在州吁已有‘六逆’，怎能不引起国君的重视？”

“‘六逆’？什么是‘六逆’？”卫庄公有些迷惑不解，急着追问了一句。

“低贱妨害尊贵之人，年少凌驾年长之上，疏远者离间亲近之人，新人离间旧有之人，弱小者欺侮强大之人，淫欲者破坏道义礼法，这就是‘六逆’。”

卫庄公对州吁曲加维护说：“州吁还不至于像石大夫说的这么严重吧。”

石碏见卫庄公毫无接纳谏言的意思，就进一步解释说：“一个人要想在国家、在社会上站得住，就要做到‘六顺’。”

“何谓‘六顺’？”

“所谓‘六顺’就是：国君行事要恰当，臣下受命要奉行，父亲要慈祥仁爱，儿子要孝敬随顺，兄长要宽厚和睦，兄弟要谦恭敬爱……”

石碏还要说下去，却被卫庄公打断了话头：“难道我不是这样做的吗？不是这样向国人倡导的吗？不是这样要求公子完和州吁的吗？”

石碏对庄公一连串咄咄逼人的反问，毫不畏惧，针锋相对地答道：“不是！您没有完全做到这一点。作为人君，应该致力于发展‘六顺’，去掉‘六逆’。而您却去掉‘顺’，而效法‘逆’。这就会很快地招致祸害，您应当好好反思一下，改弦更张。”

卫庄公对石碏认真严肃的劝谏根本听不进去，不耐烦地说：“卫大夫你回去吧，我有些累了，想休息一下。”石碏无可奈何地长叹了几声，退回府中。

石碏有个儿子叫石厚，好要小聪明，专门巴结权贵，逢迎势要。他见州吁深受庄公宠爱，就经常同州吁交往，两个人打得火热。石碏得知这一消息，就把石厚叫进府中，训斥他说：“石厚，听说你和那位浪荡公子州吁过从甚密，搅在一起，这很不好。以后你要和他断绝来往。”

石厚满不在乎地说：“和州吁交往有什么不好，他现在是公子，以后或许还要做国君呢，他现在很看重我，那我就会受到重用了。”

“不要忘记，继承君位的是公子完，而不是州吁。你和他沆瀣一气会很危险的。”

“父亲，这是我们年轻人的事，您就少操心吧。”

石碏多次告诫石厚，制止他和州吁往来，但没有什么大用。石厚表面上有所收敛，但暗中和州吁来往得更频繁。

不久，卫庄公逝世，公子完即位，就是卫桓公，石碏因年老而退休了。

第二年春天，公子州吁勾结石厚，趁卫桓公离开国都到外地巡视之机，派杀手刺死了他，随即自立为国君。州吁为巩固君位，显示国威，就四处联络诸侯。石厚知道郑国曾支持公子冯返回宋国，与宋殇公争夺君位，跟宋国结下了怨仇，就派使臣前往宋国，对宋殇公说："国君如果攻打郑国，让郑庄公交出公子冯，以除去国君的祸害，国君作为主帅，我们卫国一定发兵配合，和陈、蔡两国作为属军，这是我们的愿望。"

◎ 春秋中期 青铜器

宋殇公也正在寻找时机除去公子冯，以绝后患，与卫国一拍即合，当即答应。

这时陈国、蔡国正和卫国友好，所以宋殇公一号召，卫国的州吁、陈侯、蔡侯都派出强大的军队组成联军，联合攻打郑国。郑国虽然武力雄厚，但是抵不住联军士卒如潮水般涌来，只好退守国都新郑。联军一直追到新郑的东门，紧紧地包围住。但新郑城高池深，固垒坚守，联军一时难于攻下，包围五天之后就撤兵离城，各自回国了。

鲁隐公听说了州吁挑动宋、陈、蔡各国联合伐郑的消息，就询问大夫众仲说："卫国的州吁会成功吗？"

众仲回答说："我只听说过用德行安定百姓的，没有听说过用祸乱的。用祸乱，如同要理出乱丝的头绪，反而把乱丝弄得更加纷乱。州吁这个人，依仗武力，残忍狠毒。依仗武力就没有群众，残忍狠毒就没有亲信。大众背叛，亲信离去，就不会成功。武力，就像火一样，不加制止，将会焚烧自己。州吁杀了他的兄长桓公，窃取了君位，又暴虐地使用百姓，驱赶士卒参加不义之战；他不努力去建立美

德，反而想通过祸乱来取得成功，那就一定不能免除祸患。”

这年秋天，宋、卫、陈、蔡各诸侯又组织联军，再次进攻郑国。宋公想再扩大些兵力，以壮军威，就派使臣到鲁国请求鲁隐公出兵相助，被鲁隐公婉言拒绝了。鲁国大夫羽父是个好武之人，请求出兵会合各路诸侯，鲁隐公不同意。后来羽父陈说鲁隐公曾和宋殇公在宿地会盟，建立过友好关系，还曾在清地非正式会见过，就坚决地说：“现在宋公请求出兵，我们怎么能不答应呢?不出兵一是断绝了两国的友好关系，二是显出我们鲁国太软弱，所以臣下坚决请求率兵参加联军。”

◎ 西周早期 古方尊

羽父掌管鲁国的兵权，鲁隐公只好任其带领军队出征。宋、卫、陈、蔡、鲁五国联军，在郑国边境会齐。郑国守边的步兵抵挡不住声势浩大的联军进攻，节节败退。联军乘势攻入郑国的腹地，看到那里的谷子已经成熟，便命令士卒把田野中的谷子全部割光，各自运回国内。

再说州吁，虽然杀了兄长自立为君，又两次组织联军击败郑国，但他依然狂妄自大，肆虐百姓。百姓对他不行仁政又强迫百姓参加侵略战争的做法，都十分不满，怨言四起。州吁为能把国内的百姓安抚住，使君位得到巩固，便请石厚出谋划策。石厚一时也拿不出什么对策，便回府向父亲石碏讨教安定州吁君位的办法。石碏想了一想，说道：“要想使百姓安定，就要朝觐天子，这才能取得合法地位。”

石厚进一步问道："怎样才能去朝觐天子，进而取得他的承认呢？"石碏回答说："现在陈国的桓公正受到天子的宠信，而陈、卫两国都曾加入伐郑的联军，正结成友好联盟，和睦相处，如果州吁能去朝见陈桓公，请他代为请求，就一定能够达到目的。"州吁认为石碏已经改变了对他不信任的态度，又知道他智足多谋，就听信了他的话，便准备了丰厚的礼物，立即带领石厚前往陈国。

石碏连忙写了亲笔信，派人昼夜兼程，抄近路赶到陈国，向陈桓公禀告说："卫国土地狭小，我老头子年事已高，不能再做什么了。州吁和石厚这两个家伙，确实杀死了我国君主卫桓公，我代表卫国百姓请求您借此机会处置了他们，以除后患。"

陈桓公也觉得州吁专横跋扈，反复无常，就在州吁和石厚朝见之时逮捕了他们，然后派使臣到卫国，请石碏派人来陈国处置他们。卫国派了右宰丑在陈国的濮地杀死了州吁，石碏派他的管家獳羊肩到陈国杀死了石厚。

君子评论这件事说："石碏真是忠于国家的臣子了。他憎恶州吁，同时让自己的不肖之子石厚一同受戮。'大义灭亲'，说的就是这种情况吧。"

卫国人到邢国迎接公子晋。这年十二月，公子晋被立为国君，他就是卫宣公。

鼎

鼎是我国青铜文化的代表。鼎在古代被视为立国重器，是国家和权力的象征。直到现在，中国人仍然有一种鼎崇拜的意识，“鼎”字也被赋予“显赫”、“尊贵”、“盛大”等引申意义，如：一言九鼎、大名鼎鼎、鼎盛时期、鼎力相助，等等。鼎又是旌功记绩的礼器。周代的国君或王公大臣在重大庆典或接受赏赐时都要铸鼎，以旌表功绩，记载盛况。

鼎被赋予神圣的色彩，起源于禹铸九鼎的传说。鼎本来是古代的烹饪之器，相当于现在的锅，用以炖煮和盛放鱼肉。许慎在《说文解字》里说：“鼎，三足两耳，和五味之宝器也。”有三足圆鼎，也有四足方鼎。最早的鼎是黏土烧制的陶鼎，后来又有了用青铜铸造的铜鼎。传说夏禹曾收九牧之金铸九鼎于荆山之下，以象征九州，并在上面镌刻魑魅魍魉的图形，让人们警惕，防止被其伤害。自从有了禹铸九鼎的传说，鼎就从一般的炊器而发展为传国重器。

庄公

元年—三十二年

历史背景

庄公名同，桓公的儿子，母亲文姜，在位三十二年病死。其元年为周庄公四年，公元前693年。庄公时期，鲁国国力还是很强的。九年，鲁纳子纠于齐，因为没有准备而失败，但第二年却在长勺大败齐师。当年宋、齐联合侵鲁，鲁又败宋师于乘丘，齐师也退走。次年又败宋师于鄑。十三年与齐和好，多次参加以齐为首之诸侯盟会，起着重要作用。

齐国在吞并近邻纪国之后，不断扩张自己的势力，特别是庄公九年，齐桓公即位以后，国力日渐强盛。以“尊王攘夷”为号召，假借周天子之命，平宋，服郑，伐卫，多次召集诸侯盟会，联合中原诸国与南方之楚、北方之戎狄对抗，开始起到霸主作用。

楚国势力不断增强，伐随、伐申、伐邓。庄公十年开始北进，打败蔡师，俘虏蔡侯，十四年灭掉息国，十六年讨伐郑，二十八年又以兵车六百乘伐郑，齐、鲁、宋等国联合救郑，揭开了楚与中原争霸的序幕。

晋献公用士蒍之谋，除掉桓、庄族之群公子，消除公族势力对君权的威胁，使君主地位得到加强和稳固。于是晋国迅速强大起来。在献公之父武公时，晋国只有一军，到献公之子文公时，军力超过中原各国，成为军力最强的霸主。

这一时期战事不断，但规模还不够大。庄公二十八年楚伐郑，出动兵车六百乘，在当时看来，规模已经不小了，但双方并未交战。鲁与齐长勺之战，则为以弱胜强的典型战例，但投入兵力似乎也不大。自齐桓公做了霸主，能集合诸侯之力联合作战，战争的规模日益扩大。

射王中肩

◎ 桓公五年（公元前707年）

阅读提示

公元前707年，郑庄公被周桓王罢了王卿士的官，郑庄公为了报复，决定不去朝见周桓王，一怒之下的周桓王领兵伐郑，却被郑庄公手下的祝聃射中肩膀。按理说在战场上挂彩是很正常的事，但对周桓王却是不小的打击，这象征着周天子的地位被撼动，周王室开始走向了衰微。

人物

周桓王：姓姬，名林，东周第二代国王。公元前720年，周平王去世，太子姬狐赶往洛邑奔丧，后因悲伤过度而死。周平王的儿子姬林即位，在位二十三年，死后谥号桓王。

原文

五年春正月，甲戌，己丑，陈侯鲍卒，再赴也。于是陈乱，文公子佗杀太子免而代之[①]。公疾病而乱作，国人分散，故再赴。

夏，齐侯、郑伯朝于纪，欲以袭之，纪人知之。

仍叔之子，弱也。

王夺郑伯政，郑伯不朝。秋，王以诸侯伐郑，郑伯御之。王为中军；虢公林父将右军，蔡人、卫人属焉；周公黑肩将左军[②]，陈人属焉。

郑子元请为左拒以当蔡人、卫人，为右拒以当陈人，曰：“陈乱，民莫有斗心，若先犯之，必奔。王卒顾之，必乱。蔡、卫不枝，固先奔。既而萃于王卒，可以集事。”从之。曼伯为右

注释 <<<

①佗：陈文公之子，桓公的异母弟弟。

②周公黑肩：黑肩为其名，周公黑肩为周公姬旦的后裔。

③先偏后伍，伍承弥缝：杜预、江永等注家引《司马法》加以解说，大意为，车战时，二十五乘兵车居先，称偏，步卒五人为伍随车后。后随一百二十五乘兵为伍，伍负责对偏的弥缝缺漏。

拒，祭仲足为左拒，原繁、高渠弥以中军奉公，为“鱼丽”之陈。先偏后伍，伍承弥缝[3]，战于繻葛，命二拒曰：“旝[4]动而鼓。”蔡、卫、陈皆奔，王卒乱，郑师合以攻之，王卒大败。祝聃射王中肩，王亦能军。祝聃请从之，公曰：“君子不欲多上人，况敢陵天子乎！苟自救也，社稷无陨，多矣。”

夜，郑伯使祭足劳王，且问左右。

秋，大雩，书，不时也。凡祀，启蛰[5]而郊，龙见而雩，始杀而尝，闭蛰[6]而烝。过则书。

冬，淳于公如曹，度其国危，遂不复。

④旝(huì)：主将的军旗，挥动它来指挥全军。
⑤启蛰：即惊蛰。
⑥闭蛰：昆虫蛰伏之时，为夏历十月。

史纪风云

周平王死后，主持周朝国政的周公黑肩，派人从郑国接回王子狐，准备让他继承王位。谁知王子狐回到洛阳，整日为父王的去世悲伤流泪，不几日就因哀痛抑郁过度而死了。周公黑肩等朝臣又立王子狐的儿子姬林为周王，这就是周桓王。

周桓王即位后，因为父亲曾在郑国做人质，没有来得及为周平王送终而忧伤而死，就对郑庄公怀恨在心，想罢免他的卿士职位，和周公黑肩商量说：“郑庄公专擅朝政，把他留在都城对孤王是个严重威胁。孤王想免去他的职务。”

“大王，万万不可。如今郑国势力雄厚，兵多将广，不能对他轻举妄动。”周公黑肩连忙制止说，“他如同一只猛虎，谁触动他一根虎须，他就会伤害谁。”

“可是他每天虎视眈眈地在孤王身边，这不是养虎贻患吗？他在孤王身边一天，孤王就一天不得安宁，还是尽早免去为是，请黑肩大夫为孤王想个万全之策。”

周公黑肩沉吟半晌，说道：“依臣下之见，还是暂不免除郑庄公的卿士为好。”

一听此言，周桓王就怒不可遏，坚决地说：“这绝对办不到，孤王已忍无可忍了！”

◎ 春秋晚期 蟠龙纹盘

“大王且息雷霆之怒，臣下有细情禀奏。大王可以以年富力强为由，要亲自主持王政，让郑庄公暂回国处理国事，待到王事繁忙时再请郑庄公回朝，这个理由或许不至于给他太大的刺激，也保全了他的面子。这样，王朝和郑国还不会伤了和气。”

“此言甚合孤意，明日孤王即对郑庄公说知。”周桓王对周公黑肩的计谋十分满意。

第二天，周桓王召见郑庄公，委婉地对他说道：“你是先王的卿士，孤王不敢随意使唤你。现在孤王正年富力强，王朝中又没有多少政务，自己完全有精力处理，请你暂回封国休养些时日，待到王事繁忙，孤王再请你回朝佐助，你看如何？”

郑庄公一听，心知这是周桓王下的逐客令，虽然满心不愿意，但也不好发作，周桓王毕竟是天子，只好故作大度，假意感激地说：“谢谢大王给了我这个休息的机会，我这就拜辞大王，回国去了。”

郑庄公一回国，为发泄心中的怒气，便派大将祭足率兵割了周朝温地的麦子，秋天再派兵割了周朝成周的谷子。周桓王得到禀报，但终因兵力不足未敢派兵征剿。郑庄公见周桓王也不敢给他治罪，胆子就更大了，打算找个机会炫耀自己的武力，也好在诸侯中挽回面子。

机会终于让郑庄公抓到了，那就是宋殇公不去朝觐周天子桓王。按周朝的礼制，各国诸侯要定期到王都朝觐天子，并携带贡品，还要向天子述职。可是宋殇公妄自尊大，竟敢不去朝觐。郑庄公便召来将军祝聃商议对策。祝聃说：“国君虽然不在京都任职，但仍是周天子的卿士，您可以用天子名义征伐他。”

“这是个好主意！”郑庄公忙不迭地说，“不过，我担心单凭我们郑国一国的兵力，一举攻不破宋国都城，白白地消耗军资，兵卒也会伤亡过多，这会激起百姓的不满，我们在诸侯中树立威信的目的自然也就达不到了。你说该怎么办好？”郑庄公说出了自己的忧虑，并讨教对策。

◎ 春秋时期 战船

祝聃脱口笑道：“这好办！国君既是以天子的名义征伐宋国，也同样以天子的名义通报天下，约会对宋国不满的诸侯，一同征伐宋国，便可大功告成。”

于是郑庄公就向天下的诸侯发出矫诏，说周天子命他征伐宋国，并要求他们一同出兵征伐宋国。鲁隐公和齐僖公接受了矫诏，并和郑庄公在鲁地中丘相会，三国在那里订立盟约，决定了出兵的日期。

郑、鲁、齐三国兵分三路，威风凛凛、浩浩荡荡地杀奔宋国。宋殇公动员了全国的兵力，也抵挡不住三路大军的攻打，节节溃败。宋殇公即位以来，十年之间发生了十一次战争，弄得国力匮乏，户户穷困，百姓再也不能忍受了。

这时，宋国由孔父嘉任司马，华父督任太宰。华父督早就对孔父嘉专擅国政不满，也对宋殇公穷兵黩武不满，更同情百姓所遭受的苦难，早就四处宣传说："这样频繁地发动战争，完全是孔父嘉怂恿殇公造成的。"于是华父督利用百姓不能忍受战争的怨愤情绪，借着郑、鲁、齐联军攻入宋国的时机，杀死了孔父嘉和宋殇公。诸侯联军承认了华父督弑国君、杀大臣的行动，不仅不加追究，而且予以肯定。

华父督掌握了宋国的政权之后，马上宣布和各国诸侯建立友好关系，并派使臣到郑国去会见郑庄公，要求接回在郑国避难的公子冯，立他为宋国的国君。这正合郑庄公的心意，当即选兵派将，安排车马，锣鼓喧天地送公子冯回国即位，这就是宋庄公。

在征伐宋国的时候，临近宋国的蔡国、卫国，也接到了郑庄公的矫诏，但这两国不仅没有按照命令会师讨伐宋国，反而出兵帮助宋国攻打郑国，从后方牵制郑国，结果被郑庄公包围，俘虏了他们的军队。郑庄公从此威名大震。

宋庄公即位以后，为了立稳脚跟，得到诸侯的承认与支持，把得到的部国的大鼎馈送给了鲁国，同时也对郑、齐、陈各国馈赠了大量财礼。于是郑庄公在宋国的稷地约会鲁、齐、陈三国的国君召开大会，正式确认了宋庄公的名分。从此，鲁、齐、宋、陈等国都把郑庄公看做是诸侯的领袖了。

周桓王听说郑庄公盗用天子的名义征伐宋国，确立新君，当时大怒，立即颁发诏令，罢免了郑庄公卿士的职务，剥夺了他主持朝政的权力。

郑庄公接到周桓王发来的罢免诏令，气得浑身发抖，火冒三丈，当着群臣的面忿忿地说道："我们家族为周王朝建立过卓著的功勋，从祖父开始，三代担任周王的卿士，到了我这一代，竟让我做了半截，真是欺人太甚。各位大夫说说，我该采取什么对策？”

将军祝聃上前说道：“国君何必动怒呢？周王把您的卿士职位罢免了，这是可以理解的，说明周王畏惧您了。您实际上已成了诸侯的领袖，何必还在乎一个虚名呢？”

“我咽不下这口气！”

“国君要从长远考虑，不必计较这些小事。再说周王是天子，他见您借用天子的名义征伐宋国，而没有向他禀奏，总会觉得在诸侯面前丢了面子，他罢免您，正是为了挽回面子，好得到其他诸侯的崇敬，以后他再发布什么政令，才会有人执行。”

经祝聃一番劝解，郑庄公的怒气渐渐消了一些，但总觉得不甘心，就又说道：“你说的这些，我也都想到了。但是，周桓王挽回了面子，可我却丧失了一些威信。总得给周王点颜色看看，让他知道我可不是好欺负的！”

◎ 西周前期 四鸟扁足方鼎 烹饪食物的器皿。

祝聃不假思索地说：“既然周王不把您当做重要的诸侯，那么您也就不必做一个顺从的诸侯，干脆不到王都去朝觐他，对他来个不理睬，国君意下以为如何？”

郑庄公敲着面前的几案说：“此法甚妙！就这么办了。”

从此，郑伯不再朝觐周王，而且也不缴纳贡赋，来个事实上的不承认。

每当王朝举行朝觐大典的时候，天下的诸侯全都会集王都洛阳，举行参拜大礼，唯有郑庄公不到场。这一下可大大激怒了周桓王，他面向众诸侯宣布说：“郑庄公也太无礼了，他眼中竟敢没有我这个天王，我决定统率诸侯的军队，亲自去征伐他。”

有些离郑国很远的诸侯国，它们的国君纷纷劝说周桓王：“天王，郑庄公不过是您属下的一个国君，他不来朝觐，确实是做出了非分之事。不过您还是要大度一些，不必和一个小人一般见识。”

“不行！”周桓王拍案而起，怒火再也遏制不住了，慷慨激昂地说道，“诸侯不来朝觐天王，天王还有威严吗？当年宋殇公不来朝觐，郑庄公就以此为理由去征伐他，这征伐是正确的。但他却矫诏出兵，不向我这天王请示，这是不对的。如今，我征伐这个不遵礼法的诸侯，是维护王朝的礼制，有何不妥！”

蔡国、卫国、陈国等几个诸侯，因临近郑国，曾多次遭到郑国的侵略，受它的欺侮，早就对郑庄公心怀不满，听周桓王要出兵征伐，便十分赞成，异口同声地说道：“天王征伐不遵礼制的诸侯，天经地义，名正言顺。天王若兴问罪之师我们愿意追随天王，全力配合，为天王的正义之师备办辎重粮秣。我们也一定倾全国之军，奋力拼杀，效命天王。”

周天王见蔡、卫、陈等诸侯积极响应，心中十分高兴，立即命令这几位诸侯马上回国做好准备。

不几天，周桓王就把战车、兵卒调集齐整，三军整装待发。周桓王亲自率领中军；命虢公林父率领右军，蔡国、卫国的军队隶属于右军；命周公黑肩率领左军，陈国的军队隶属于左军。三路大军旌旗蔽日、锣鼓震天、戈戟林立、战马嘶鸣，浩浩荡荡地向郑国杀来。

早有巡哨的士兵把这一消息禀告了郑庄公。郑庄公自不去朝觐以来，就囤积粮草，训练军队，以防不测。现在听说周桓王亲率诸侯大军兴师问罪，心里一点也没有发慌，只是立即召集文臣武将上朝，研究对付的办法。他胸有成竹地说：“我们郑国乃是先王所封，也是姬姓之国，与周桓王是同宗。如今，周王不讲宗族之义，竟兴师动众，攻打我国，我们不能束手就擒、坐以待毙。我们要积极抵抗，保卫我们的家园，不然我们郑国就会灭亡了。”

这一番话激发起了郑国大臣们的情绪，纷纷表示要与周天子决一死战，以保全身家性命。大夫子元熟谙兵法，提出了具体的建议：“臣下认为可以布置两个方阵，用左方阵对付蔡国和卫国的军队，用右方阵来对付陈国的军队。现在陈国正在发生动乱，士卒没有战斗意志。如果我们用一支强劲的军队先发制人，先去攻击陈国的军队，他们一定无心恋战，都会争先奔逃。周天子的中军要前来接应这些溃退的士兵，他们的阵脚就被打乱了。蔡国和卫国的军队支持不住，也一定争先逃奔。然后集中兵力反击周天子的中军，定会大功告成。”

郑庄公采纳了子元大夫的反击谋略，亲自率领中军，在长葛摆开了阵势，命曼伯担任右方阵的主将，祭足担任左方阵的主将。阵势布置妥当，郑庄公命令左右两边的方阵说："见到我的帅旗挥动，就一同擂响战鼓，奋勇出击。"

周桓王率军来到长葛，即命击鼓进军，双方展开了一场激战。郑军在本国境内以逸待劳，养精蓄锐，个个精神饱满，勇猛进攻。周王率领的诸侯军长途跋涉，多已疲惫，在郑军的凶猛进攻下，蔡、卫、陈三国的军队刚一接战，就全军溃败，纷纷奔逃。周王的中军看到两翼的部队已经溃逃，心中也都惊惶起来，阵势也就混乱了。郑庄公亲自挥舞帅旗，指挥左右两个方阵，从两侧合拢过来，直冲周王的中军。周军招架不住郑军的勇猛进攻，掉头就跑。周桓王命令众将压住阵脚，制止士兵逃跑，但兵败如山倒，周桓王哪里能控制住军队，只好站在战车上命令鸣金收军，指挥撤退。

郑国将军祝聃身先士卒，冲在最前面，远远望见周桓王在战车上指挥，便拈弓搭箭，猛力一射。这一箭正射中周桓王的肩膀。周桓王身体晃动了一下，坚持着没有倒下去。幸亏他的铠甲坚厚，中箭不深，伤得不重，他仍在战车上直挺挺地站立着，压住后阵，指挥士兵撤退。

郑庄公在后面望见祝聃射中了周桓王的肩膀，急忙驱动战车直追祝聃，远远地高声呼喊："祝聃停车，祝聃停车！"

祝聃回车来到郑庄公车旁，迷惑不解地问道："末将已射王中肩，正要挥师俘虏他，为何命令末将停止追赶呢？"

郑庄公长叹一声，解释道："君子不希望欺人太甚，何况欺凌天子呢？如果能够挽救自己，使国家免于危亡，这也就足够了。方才在交战中，你射王中肩，就已经是我的罪过了。万一你射死了周王，我就要承担弑君的罪名了，全天下的诸侯会联合起来讨伐我们，我们能抵抗得了吗？那只有身死国亡一条路了。"

祝聃听了这一番话，默默无言，退在一边。大夫祭足走上前来说道："国君考虑得深远。这一战周王已经知道我们的厉害了，我们也挽回了面子。常言说'穷寇莫追'，我们可就此收兵。不过，周桓王毕竟是天子，这回丢尽了面子，我们总得给他个台阶，让他不至于威风扫地。"

"说得对！"郑庄公点了点头，又急忙

透雕夔龙纹禁
置酒器。器体为长方形。禁面中部为一长方形平面，禁面四边和四个侧面，均铸由五层铜梗相互扭结而成的透雕云纹。此器采用失蜡法铸就，玲珑剔透，精工异常，为罕见的青铜器精品。

问道："祭大夫以为该怎么办才好?"

"臣下认为要马上派人前去慰问周王，给周王脸上添些光彩，不至于灰溜溜地退回去。"

"好，就派你做使臣，连夜赶往周营。好言抚慰天子。要多带些慰问礼品。"

当夜，祭足赶往周营，见到周桓王，行罢叩拜大礼，说道："郑庄公特派下臣前来慰问天王。白天的一战，不是抵御大王，只是在反抗蔡、卫、陈等国的联军，他们曾多次侵略敝国，敝国出于自卫，不得不进行反击。祝聃一箭，误伤天王，郑庄公已将他治罪，还望天王谅解。"周桓王已经大败，还能说什么呢?就收下礼品，命祭足退下。祭足又问候了周王的左右随从，才返回军营。

第二天，周桓王撤兵回王都，不过"射王中肩"的事却在天下传开了。这件事说明王室衰微，连诸侯都敢抗命了。

历代名家点评

唐代刘知几评："言近而旨远，辞浅而义深，虽发语已殚，而含意未尽，使夫读者望表而知里，扪毛而辩骨，睹一事于句中，反三隅于句外。"唐代刘知几在《史通》中这样评价《左传》。

曹刿论战

◎ 庄公十年（公元前684年）

阅读提示

这是春秋时齐鲁长勺之战的一个片段。长勺之战的起因，可以追溯到公元前686年齐国的君位之争。齐襄公死后，他的儿子们展开了争夺君位的斗争。因为鲁国支持公子纠，便与太子小白结了仇。小白即位（齐桓公）后，为报当年之仇，于公元前684年指挥大军进攻鲁国。

人物

鲁庄公：即姬同，鲁桓公的儿子，鲁国第十六任君主，在位三十二年。

曹　刿：鲁国人，出身低微，有智谋，长勺之战协助鲁庄公打败强大的齐国，创造了以弱胜强的经典战例。

原文

十年春，齐师伐我。公将战，曹刿请见。其乡人曰："肉食者[①]谋之，又何间焉？"刿曰："肉食者鄙[②]，未能远谋。"乃入见。问："何以战？"公曰："衣食所安，弗敢专[③]也，必以分人。"对曰："小惠未遍，民弗从也。"公曰："牺牲[④]玉帛，弗敢加也，必以信。"对曰："小信未孚[⑤]，神弗福也。"公曰："小大之狱，虽不能察，必以情。"对曰："忠之属也，可以一战。战则请从。"

公与之乘。战于长勺。公将鼓之。刿曰："未可。"齐人三鼓，刿曰："可矣。"齐师败绩。公将驰之，刿曰："未可。"下视

注释<<<

①肉食者：指在位的贵族。当时只有大夫以上的官员每天才可以吃上肉。

②鄙：鄙陋，指见识短浅。

③专：专有，独占。

④牺牲：祭礼时用的牲畜。

⑤孚：覆也。覆有覆盖、包罗之意。

⑥辙：齐兵车逃跑留下的辙迹。

其辙[6]，登轼[7]而望之，曰：“可矣。”遂逐其师。

既克，公问其故。对曰：“夫战，勇气也。一鼓作气[8]，再而衰，三而竭。彼竭我盈，故克之。夫大国难测也，惧有伏焉。吾视其辙乱，望其旗靡[9]，故逐之。”

⑦轼：车前的横木，站在上面可以望远。
⑧作气：鼓足勇气。
⑨靡：倒下。

史纪风云 

自从鲍叔牙软硬兼施，逼迫鲁庄公杀了公子纠又带走管仲之后，鲁庄公的心里就觉得特别窝囊，整天闷闷不乐，总认为一个大国之君，竟然保护不了一个前来投奔的公子，一是心中有愧，二是觉得以后没有脸面面对天下的诸侯。

这一天，鲁庄公正在宫中闲坐生闷气，忽然一个随从进来报告消息：“臣下方才得到边报，说是齐桓公不仅没有杀掉管仲，还任命他做了国相，让他主持国家大政。”听到这个消息，鲁庄公头上如响起一个炸雷，脑袋轰轰直响。一种上当受骗的感觉袭上心头，气得他浑身发抖。随从退下后，鲁庄公陷入了沉思，他觉得自己遭侮辱、受欺骗，根本原因就在于自己的国家国力过于薄弱，比不上齐国强大。因而他下定决心，发展生产，增强国力，安抚百姓，整顿军备，训练士卒。等到势力大增时，再出兵攻打齐国，报先前所受欺侮之仇。

鲁庄公扩大军备、整训士卒的消息不胫而走，很快传到了齐桓公的耳中。齐桓公在早朝时开门见山地对群臣说：“鲁国招兵买马、囤积粮草的事儿，想必诸位已经听说了。鲁庄公这一扩军备战的举动是针对我们齐国来的。你们说说我们该怎样对付他？”

众大臣只是你看看我，我看看你，谁也没说话。宫殿里静得仿佛掉在地上一根针都能听到声音似的。齐桓公等得有些不耐烦了，就又追问了一句：“你们这些大臣中，有能征惯战的武将，有出谋划策的文臣，为什么都一言不发？”

一个大夫出班奏道：“国君，我想鲁国刚刚操练人马，还在养精蓄锐，并没有力量攻打我国，只是虚张声势罢了。只要我们加强戒备，在齐、鲁边境上派重兵驻守，鲁国是不敢轻举妄动的……”

“此言差矣！”齐桓公迫不及待地打断了那位大夫的

话，“等到鲁庄公羽翼丰满，我们再去讨伐他，就不易取胜了。”

齐桓公有自己的打算，他认为刚刚即位不久，国内的百姓对他不一定心服，国外的诸侯在心目中也不一定佩服他。他要趁此机会显示出自己的能力，让国人知道他比公子纠强百倍，让诸侯服从他的权威。便果断地说：“我想现在就调集人马粮草，趁鲁国还未做好防备，先打他个措手不及。”

管仲离开座席，深深参拜一礼，恭恭敬敬地说道：“臣下新任国相，对齐国还不够十分了解，但是据我所知，我们齐国前些年连年内乱，百姓还在惊疑之中，而这些年我们的生产没有得到发展，原有的国力遭到很大消耗，现在出兵鲁国，时机不宜。”

“卿言谬矣！”齐桓公又迫不及待地打断了管仲的话，“去年的一场齐、鲁之战，国相总还记忆犹新吧。当年鲁庄公亲率重兵护送公子纠和国相返国，不是让我们一举击败，逐出国门了吗？”

“国君只知其一不知其二。当年鲁庄公护送公子纠并未带领全国的部队，当时以为先君已经归天，未做好充分的防备，另外又是在深入齐国的内地作战，不占天时、地利。现在国君攻打鲁庄公，要在鲁国境内作战，天时、地利、人和，我方一项也不占，我认为要取得全面胜利很难。即或偶有小胜，我军也会遭到重大损失。”

“国相不必说下去了，这种长鲁国志气，灭自己威风的话，只会涣散军心。我攻打鲁国的决心已下，任何人也动摇不了。现在，我任命鲍叔牙为三军统帅，其他副将由鲍叔牙指定。各位大夫，你们按照各自的职务下去准备、操办去吧。有敢违误军令者，定按军法处置。”

鲁庄公十年(公元前684年)春天，齐桓公经过一番全力准备，倾动全国兵马，由鲍叔牙挂帅，鸣锣击鼓，杀向鲁国。

鲁国人得到这一消息，举国骚动，上下震惊。鲁庄公因为有了一段准备的时间，还不十分恐慌，就从全国各地调集兵马粮秣，到长勺聚齐，做好一切迎战的准备。

鲁国有个叫曹刿的人，十分关心国家的命运，为鲁国的安危而着急，就挺身而出，决心为国家出力，就对同乡的人说：“我要去面见国君，为打败齐国军队尽点微薄的力量。”有的人就劝他不要去，说道：“这是国家的重大事情，自有当官的谋划解决。你一个平头百姓，何必去搀和呢？”

曹刿听了直摇头，对老乡们正色说道：“那些吃肉的大官们目光短浅，见识鄙陋，不会做出什么好的计策，因为他们不能做长远的考虑。我一定得去见见国君，讲讲我的见解。”

齐军已经攻进鲁国边境的告警文书，雪片一般飞进国都，同时鲁国的各路人马也已在长勺集结完毕。鲁庄公正整装待发，准备亲自率领大军出兵迎战。正在这时，侍卫急冲冲地进来禀告说：“宫门外有一个叫曹刿的乡下人，要求拜见国君，说是为这次反击齐军献计献策。”

鲁庄公放下手头的事情，立刻召见。曹刿拜过鲁庄公之后，心情十分急切，劈头就问：“齐国的军队已经攻进咱们国境，听说您正积极准备抵抗，不知您靠什么打赢这一仗，使国家转危为安？”

鲁庄公满怀信心地说：“吃的美食，穿的华服，都是人们日常生活中必不可少的，我经常把它们分给臣下，向来不敢一人独自享受。这些人感激我，自然就会支持我。”

曹刿把头摇得像拨浪鼓似的，不以为然地说：“这些都是小恩小惠，只有您身边的大臣、随从等少数人才能得到，广大的老百姓，并没有从您那里得到什么好处，所以他们是不会跟随您去拼命的。”

鲁庄公想了想，又说道：“祭祀所用的牛羊和美玉丝帛等供品，我都按礼仪祭法的规定去做，从来不敢弄虚作假，祝史的祷告一定反映真实的情况。神灵会保佑的。”

曹刿还是摇着头，否定他的话，说道：“对神灵的虔诚是一件很小的事，并不能代表一切，也不能取信于广大百姓。神灵不会降福的，也不一定能保佑您打胜这一仗。”

鲁庄公见曹刿接连否定了自己前两种的做法，就沉思了一会儿，接着说道：“老百姓打官司，大大小小的诉讼案件，我虽然不能一一洞察，但一定按照情理处理，秉公断案。”

曹刿听着，脸上露出了喜色，高兴地说：“这是为老百姓尽力的一种心意，能时时想到百姓的疾苦，就能得到民心。全国上下一心，

曹刿论战

就能击退侵犯我们的齐军。就凭这一点，您就可以率军出征了。”

鲁庄公听曹刿说得有道理，就进一步问道：“曹先生有什么具体的谋略教导我吗？”

曹刿不假思索地说：“战场上千变万化，并没有一成不变的作战方法，要根据战争形势的变化来随机应变，方能取胜。”曹刿停了一下，又接着说：“国君要是亲临前线，请让我随您前往。”

鲁庄公见曹刿谈吐不凡，熟谙兵法，各方面的事情都讲得头头是道，就爽快地答应了，带着他同乘一辆战车，向长勺进发。

在长勺战场上，鲁军筑好了营垒，摆开了迎战的阵势，与齐国的军阵正相对。鲁庄公见战阵已经布好，就准备擂动战鼓，发起冲锋。曹刿连忙按住鲁庄公的鼓槌，说道：“还不到时候，再观察一下。”

齐军的统帅鲍叔牙观望了一番鲁军的阵势，觉得对方的战车数量不多，兵卒也不多，而己方战车铺满了战场，兵多粮足，心中就有了底。他想起去年与鲁军一战，就打得鲁军丢盔卸甲，惊惶逃遁，就更不把鲁军放在心上了。就下令击鼓，全面出击。

鲁庄公听到齐军战鼓如雷，士兵潮水般铺天盖地地涌来，就稳不住神了，也要挥动帅旗，擂响战鼓，出兵反击。曹刿又急忙拦住鲁庄公，说道："先别急，沉住气。我们要稳住阵脚，不和他们交锋。请国君命令全军将士严阵以待，静观待变。"

齐军在鲍叔牙的指挥下，勇猛地杀过来，却没有鲁军出阵接战，就向鲁军的营垒冲来，被鲁军的一阵乱箭射退了回去。过了一会儿，鲍叔牙又命令第二次擂响战鼓，发起第二次进攻。杀向鲁军的齐军来到阵前，准备冲阵。鲁庄公又按捺不住了，要挥师出击，曹刿让他按兵不动。齐军见对方阵地稳固，根本就杀不进去，只好又退了回去。

鲍叔牙见鲁军只是稳住阵脚，不敢出阵，以为鲁军胆怯了，只在等待援军罢了。他觉得机不可失，就对将士们说："鲁军已被我们吓破了胆，根本不敢和我们交战。现在我发起第三次进攻，你们一定要奋勇争先，踏平鲁军的营垒。"

他的话是这么说，可是齐军都没往心里去，他们认为鲁军上一次就被打怕了，这次根本不可能出营对阵。所以这一回也是白白冲锋一次，绝对遇不到对手。虽然鼓声惊天动地，可是齐军一个个打不起精神，扛着戈，拖着矛，弓也没搭上箭，毫不在意地走了过来。

曹刿看到齐军无精打采的样子，知道战机已经成熟，忙让士兵们做好反攻的准备，接着就命令所有的鼓手一齐擂响战鼓，发出了全线出击的命令。鲁军早就等得心急火燎了，一听到鼓声雷鸣，看到旌旗招展，个个都像下山的猛虎、闹海的蛟龙，高喊着震天的杀声，勇猛地向疲惫的齐军冲杀了过来。

齐军没有精神准备，三次冲锋又消耗了大量体力，还来不及把队伍整顿好，就被鲁军矛刺、刀砍、箭射，早已乱了阵脚，自己内部车撞、马踏、兵挤，被打得七零八落，纷纷逃跑，全线溃败。

鲁庄公看到齐军败退，就要下令追击。

曹刿连忙制止，说："不要着急，让我看看再说。"说完，跳下战车，仔细地四处察看地面上齐军的车辙，然后又上了车，登上车前的横板，向远处眺望，见到蜂拥的齐军正慌乱地奔逃，才说道："可以追击了。"

鲁庄公立即下令追击，鲁军个个精神抖擞，斗志昂扬，穷追猛打，一直把齐军赶出国境，缴获了许多武器、辎重，胜利而归。

鲁国大获全胜，可是鲁庄公心中还有个闷葫芦没解开，就向曹刿询问："头两次鲁军击鼓进攻我们，我正要擂鼓反击，你为什么拦挡呢？直到鲁军第三次击鼓进攻，你才叫我下令擂鼓反击，这又是为什么呢？"

曹刿成竹在胸，不紧不慢地解释说："作战靠的就是军队的士气。士气旺盛，就会胜利；士气衰落，就要失败。擂鼓就为的是激发士气。擂第一通鼓，最能振作士气；擂第二通鼓，士气就有些下降了；等到擂第三通鼓，士气就衰竭了。我开始不让擂鼓，就是让我军保持旺盛的斗志，把士气鼓得足足的，等齐军击鼓三次，士气已经竭尽，我们则一鼓作气，猛冲上去，齐军能不望风而逃吗？"

鲁庄公心中还有疑团没有解开，就又问："齐军已经溃败，你为什么不让马上追击呢？"

曹刿进一步解释说："齐国是个大国，军力雄厚，鲍叔牙又一向足智多谋，他们的实情一时难于捉摸。我担心齐军的败退有假，是用来引诱我们进入埋伏的。所以不能马上追击，以免上当。等我下车一看，见到他们战车的轮迹十分混乱，又登上车远远望见他们的战旗已经倒下，断定他们是真的败了，正在拖着战旗逃跑，所以才请您下令追击他们。"

鲁庄公听了曹刿的这一番精辟的议论，对曹刿佩服得五体投地，连连称赞道："曹先生堪称精通兵法的军事家了。"回到国都以后，对曹刿优礼有加，并任命他做了大夫。

齐、鲁长勺之战，是春秋时期一次有名的战役。它表明要获取战争的胜利首先要取信于民，在作战前要有充分的准备，在作战中要捕捉战机，指挥正确，"一鼓作气"。这样，即使是小国、弱国，也能打败大国、强国。

历代名家点评

余诚曰："远谋"二字，一篇眼目，却借答乡人语，闲闲点出。入后层层写曹刿远谋，正以见肉食者之未能远谋也。通体不满一百二十字，其间具无限事势、无限情形、无限问答。急弦促节，在《左传》中另自别是一词。

钟

钟，古代打击乐器。盛行于青铜时代，这与当时乐律学、声学和青铜冶铸技术的高度发达分不开。由于青铜钟质料坚实和耐腐蚀，至今虽已历经两三千年，仍能给我们留下古代真实的音响。

钟在古代不仅是乐器，还是象征地位和权力的礼器。王公贵族在朝聘、祭祀等各种仪典、日常生活中，均广泛使用着。

迄今为止，先秦编钟的发现数量已相当可观，据1988年的不完全统计，共一百一十六批，一百七十四组，九百零三件（型式、组、件不明者未计在内）。其中有铭文者约四百余件。

春秋中晚期编钟多为九件一组。在西周钟的基础上增铸了低音徵音和商音。在这两音为正鼓音时，其侧鼓音调成大三度的变宫、变徵。从而使整组编钟的正鼓音构成完整的五声音阶，全部音列可构成六声或七声音阶。如河南淅川下寺一号墓（春秋楚墓）出土的一组钮钟。此时期编钟，每钟均发两音，一般已不在侧鼓部铸鸟纹。

战国时期编钟，除仍有九件一组者外，又出现十三件、十四件的组合。

湖北随县曾侯乙墓编钟是迄今发现最庞大的编钟，共六十四件。分三层悬挂在曲尺形钟架上。上层悬挂钮钟三组，十九件；中下两层各悬挂甬钟三组，四十五件。最小者通高20.4厘米，重2.4公斤；最大者通高153.4厘米，重203.4公斤。总重量2500公斤以上。

僖公

元年—三十三年

历史背景

僖公名申，闵公的儿子，在位三十三年，其元年为周惠王十八年（公元前659年）。在这三十多年中，由于各诸侯国发展不平衡和内部外部种种因素的影响，发生了大的动荡分化和组合，围绕霸主争夺和更迭，形成丰富壮观的历史过程。

齐桓公以“尊王攘夷”为号召，继续推进其霸业。鲁僖公四年（公元前656年），齐率八国诸侯联军攻蔡，蔡溃，遂伐楚，双方从春至夏，相持数月，后来楚国主动讲和，定立召陵之盟，抑制了楚国的北进步伐。桓公晚年沉迷女色，死后，诸子争位而大乱，齐国的霸主地位随之衰落。

后来的宋襄公，以纳齐太子昭为名，联合卫、曹、邾三国讨伐齐国成功，以霸主自居。这套做法遭到诸侯反对，在陈穆公的倡导下，陈、鲁、蔡、楚、郑、齐诸侯在齐结盟，联合抵制宋国。宋襄公想求得楚国支持，压服诸侯，取得霸主地位，相约齐、楚在鹿上会盟，结果中计被楚俘获。放回去以后又联合卫、许、滕攻郑，从而发生了宋、楚泓之战。由于宋襄公固执，结果导致惨败。宋襄公的争霸美梦随之破灭。

晋国在献公时，吞灭虢、虞二国，势力得到增强。接着发生骊姬之乱。导致晋国动乱长达二十年之久。晋惠公与秦国发生韩原之战，战败被俘，后放归，提出田制、军制改革，使晋国实力大增。

僖公二十四年，在外流亡十九年的重耳，在秦国的帮助下而回到晋国即位，史称晋文公。在一批具有远见卓识的政治家、军事家协助下，加强对晋国的治理，很快使晋国成为当时最强大的国家。

僖公二十六年（公元前634年），宋叛楚附晋，打败楚子玉、子西的进攻。第二年，楚又围宋，宋向晋告急求救，晋把此作为“救患报施，取威定霸”的好时机。一面争取齐、秦支持，一面破坏曹、卫与楚联盟，激怒楚国，终于导致城濮之战，这是春秋时期规模最大的一次战争。结果，晋国获得大胜，晋文公的霸业达到了高峰。

宫之奇谏假道

◎ 僖公二年～僖公五年（公元前662～公元前659年）

阅读提示

虞国大夫宫之奇在劝谏君主的过程中，驳斥了虞公的迷信思想，提出了存亡在于人的观点，并指出“辅车相依，唇亡齿寒”的道理。

人物

虞　公：周皇室的后裔。虞公的弟弟虞叔有一块宝玉，虞公本想将其占为己有，但虞叔没有答应。过后，虞叔很后悔，因为他想起了周人的俗语：“匹夫无罪，怀璧其罪。”

原文

晋荀息请以屈产之乘与垂棘之璧[①]，假道于虞以伐虢。公曰：“是吾宝也。”对曰：“若得道于虞，犹外府也。”公曰：“宫之奇[②]存焉。”对曰：“宫之奇之为人也，懦而不能强谏。且少长于君，君昵之。虽谏，将不听。”乃使荀息假道于虞，曰：“冀为不道，入自颠軨[③]，伐鄍[④]三门。冀之既病，则亦唯君故。今虢为不道，保于逆旅，以侵敝邑之南鄙。敢请假道以请罪于虢。”虞公许之，且请先伐虢。宫之奇谏，不听，遂起师。夏，晋里克、荀息帅师会虞师伐虢，灭下阳。先书虞，贿故也。

晋侯复假道于虞以伐虢。宫之奇谏曰：“虢，虞之表也，虢亡，虞必从之。晋不可启[⑤]，寇不可玩，一之谓甚，其可再乎？谚所谓‘辅车相依，唇亡齿寒’者，其虞、虢之谓也。”公曰：“晋，吾宗也，岂害我哉？”对曰：“大伯、虞仲，大王之昭也。大伯不从，是以不嗣。虢仲、虢叔，王季之穆也。为文王卿士，

注释 <<<

①荀息：晋国大夫。屈：北屈，在今山西省吉县东北，以产马闻名。垂棘：地名，出产美玉。

②宫之奇：虞国的贤臣。

③颠軨（líng）：地名，在今山西省平陵县东北七十里。

④鄍（míng）：虞国邑名，在今山西省平陵县东北二十里。

⑤启：开启。晋不可启：晋国的野心不可开启。

⑥《周书》：秦以后已逸。此处引文后被收入《伪古文尚书·蔡仲之命》篇。意为老天没有私亲，唯独辅助有德的人。

勋在王室，藏于盟府。将虢是灭，何爱于虞？且虞能亲于桓、庄乎？其爱之也？桓、庄之族何罪，而以为戮，不唯偪乎？亲以宠偪，犹尚害之，况以国乎？”公曰：“吾享祀丰絜，神必据我。”对曰：“臣闻之，鬼神非人实亲，惟德是依。故《周书》[⑥]曰：‘皇天无亲，惟德是辅。’又曰：‘黍稷非馨，明德惟馨。’[⑦]又曰：‘民不易物，惟德繄物[⑧]。’如是，则非德民不和，神不享矣。神所冯依，将在德矣。若晋取虞，而明德以荐馨香，神其吐之乎？”弗听，许晋使。宫之奇以其族行，曰：“虞不腊矣。在此行也，晋不更举矣。”

冬十二月丙子，朔，晋灭虢。虢公醜奔京师。师还，馆于虞，遂袭虞，灭之。执虞公及其大夫井伯，以媵秦穆姬。而修虞祀，且归其职贡于王。

⑦黍稷：常用于祭祀的谷物。馨（xīn）：散布很远的香气。明德：君主光明之德行。引文见《伪古文尚书·君陈》篇。

⑧繄（yī）：作“是”解。意为人不能改变祭物，只有有德行的人用的，神灵才会享用，没有德行的人用的，就不会与其一起分享了。

史纪风云

晋国是一个古老的封国，是周武王之子周成王封给他的小弟弟叔虞建立起来的。君位传到晋献公时，晋国逐渐强盛起来。晋献公的野心也膨胀起来，就想灭掉他周围的小国，来扩大自己的地盘。

晋国的南边有三个小国，紧挨着它的是虞国，虞国南边的近邻是虢国，还有一个薄国。

晋献公要扩张势力，就想先从虞、虢、薄这三个小国下手。虞国虽然离晋国最近，但是虞国有个贤明的大夫叫宫之奇，他有智谋、有远见，办事干练。虞国的国君虞公就把国政托付给宫之奇管理。宫之奇体恤百姓，减轻赋税，得到百姓的拥护；他又加固城池，蓄积粮食，以增强国力；平时他就修造兵器，操练士卒，把军队训练得勇武

顽强。晋献公对宫之奇有所恐惧，常常为此彻夜不眠。他虽然很想先吞并虞国，但一时未敢轻举妄动，怕一战而不能得手，激起虞、虢、薄三国的戒备，若是三国联合起来反击他，也就够他招架的，所以他就伺机待变。

虢国的国君虢公为人傲慢、好大喜功，也想趁各国诸侯纷争之机，得到一些好处。于是就在鲁庄公二十六年（晋献公九年，公元前665年）的秋天，亲率大军入侵晋国。冬天，虢公又一次攻打晋国。这两次交战，虢国都没有占到什么便宜，就撤兵而回了。这一年，晋国发生了内乱，众多的公子遭受迫害，怕危及生命，就纷纷逃亡到虢国，请求避难。虢公认为机会来了，就以保护群公子、平定晋国内乱为由，再次出兵攻伐晋国。晋献公亲自率兵抵抗。

双方在晋国边境摆开了阵势。晋献公因为国内不稳定，不愿意在这时发生战争，就驱动战车来到阵前，请虢公答话，虢公也毫无惧色，也催车到了阵前。晋献公说道："我国和贵国向来井水不犯河水，你们为什么无缘无故地屡次进攻我们呢？望虢公不要自找麻烦。"

虢公毫不退让，疾言厉色地说："怎么能说无缘无故呢？我每次教训你们都师出有名。就拿这次来说吧，你晋献公无道，听信谗言，迫害各位公子，使他们无家可归，逃到我国避难。我是周王的同宗，要站出来主持正义，护送群公子回国，平定你们的内乱，巩固我国的边境。"虢公滔滔 不绝，说得头头是道。

晋献公也毫不客气，愤怒地反驳说："我们晋国的内政也要你来干涉吗？这不是多管闲事吗？再说你也不想想你的身份、地位，一个弹丸小国之君，竟敢口出狂言，真是有点太不自量力了。"

虢公被晋献公的羞辱激怒了，就狂妄地说："晋献公，赶快下车投降，凭我好生之德，可饶你不死。"

晋献公不想和他斗嘴，就变得温和了些，说道："我们晋、虢两国也算近邻，还是保持睦邻关系为好。你还是好好地把人马退回去，别伤了两国的和气。"说到这里，晋献公停下来察看虢公的脸色，见他没有退兵的诚意，就改换了强硬的语气说："如果你不马上退兵，可

◎ 鸟兽纹镜
弓形钮。钮上方为一张口翘尾，头有双角竖立的小鹿，下方饰一飞翔的鸟纹，左右各饰一虎，张口露齿，足向上。纹饰用阳线勾勒。

别怪我不客气，一定予以迎头痛击，杀你个人仰马翻，打进都城，灭了你的国家，让你死无葬身之地。”

虢公听晋献公口出狂言，威胁自己，也不再答言，命令鼓手猛擂战鼓，发出进攻的命令。虢国的军队早就做好冲锋的准备，听到进军的鼓声一响，就冲杀过来。晋献公一眼瞥见虢公举起鼓槌，也忙击鼓，挥动帅旗，发出了反击的命令。

马纹竿头饰

战场上旌旗如云，飞矢似雨，戈戟映着日光，兵卒潮水般涌来。两军相接，刀盾互撞，剑劈枪刺，血光喷射，车轮交缠在一起，战马来往飞驰，直杀得烟尘冲天，尸横遍野，惨云愁雾笼罩着战场。

这一仗双方的伤亡都很惨重，到夜幕降临的时候，战场上也昏暗起来，虢、晋两国的主帅都怕在黑暗中误伤了自己，就都鸣金收兵了，各自牢固地修建营寨。第二天，双方又猛杀了一场，但谁也没有占到便宜。

虢公没想到晋军会这么勇猛，知道自己一时难以取胜，就给自己找了个台阶，派使臣对晋献公说：“我们国君认为教训贵国这一次也就足够了，不想消灭你们。现在双方罢战，各自收兵，不知你意下如何？”

晋献公本不愿恋战，听虢公主动提出停战，正符合心愿，但不能示弱，就强硬地说：“我本想剿灭你们国家，活捉你们虢公，既然他现在害怕了，不敢再打下去，我就先让他多活几日。咱们就此收兵吧。”

第二年，晋国已经安定了，晋献公就想向虢国复仇，以惩罚他们去年的侵犯行为，就召集各位大夫商讨攻伐虢国的对策，众大夫觉得时机还不成熟，就都低头不语。大夫士蒍打破了沉默，直率地说：“臣下以为暂时还不能攻打虢国。我们国内刚乱了一阵子，现在国力还不够雄厚，兵力也不够充足，马上出兵，不一定能获胜，因为去年同虢国一战，虢军并未大伤元气，还是等待时机为好。”

晋献公气呼呼地说：“难道咱们不报虢公进犯之仇了吗？这可是耻辱啊！”

士蒍诚恳地说：“国君还是先忍一忍吧，小不忍则乱大谋。据臣下所知，虢公这个人很骄傲，如果这次和我们交战，而偶获胜利，他就会忘乎所以，不可一世，这样也就必定丢弃他的百姓，不顾臣民的死活了。百姓也必然对他充满怨恨，和他离心离德了，再也不会为他卖命了。当他失掉群众的时候，我们再去征讨他，即使他想抵抗，也没有人跟随了。那时我们就可以一举获胜。”

晋献公不再吭声了，觉得士蔿说的有些道理。士蔿又进一步解释说：“执行礼法，提倡音乐，对下仁慈，对民关爱，这些是作战所应当具备的。百姓谦让、和谐，对亲属爱护，对丧事哀痛，能做到这些，才可以使用。现在虢国恰恰抛弃了这些，屡次发动对外战争，百姓就都心灰气馁了。我们等待他们进一步恶化下去吧。”

晋献公听从了士蔿的意见，就按兵不动，静等佳机。

又过了七年，虢公觉得自己的力量强大，就向西发展势力，要去攻打犬戎族。虢国大夫舟之侨劝谏说：“犬戎人生性野蛮，还是不去招惹他的好。他们又没侵犯我国，何必劳师袭远，损伤国财呢。”虢公不听，就率领军队，深入到渭水流入黄河的入口处，在那里打败了犬戎，占了一片土地。从此，就更趾高气扬，目空一切了。

舟之侨见到这种情景，叹息着说：“无德而受禄，这是灾殃呀。虢国的灾殃快要到来了。”于是就带领全家偷偷地逃出虢国，到晋国去了。

晋献公听说舟之侨逃亡到了自己的国家，立即召见了他，并询问有关虢国的情况。舟之侨本来就不满意虢公的穷兵黩武、为所欲为，就如实地禀告了虢国民怨沸腾、人心浮动的情况。晋献公听了很高兴，在仔细打听一番之后，问道：“我的侦察兵报告说，虢公在我国的南部边境修筑了一些堡垒，有这回事吗？”

“有。虢国在边界上本来建了一些客舍，供使臣和来往客商、百姓住宿。现在虢公对贵国不怀好意，又怕贵国突然袭击，所以就在客舍中修筑了碉堡、望楼，一是可以从高处瞭望、窥伺贵国的动静；二是打起仗来可以固守，以待援兵；三是设重兵在这里，可以随时骚扰边境，寻机劫掠些财物。”

晋献公听舟之侨所说的同自己掌握的情况完全相符，对他十分感谢，让人把他安排在客馆里住下。晋献公也不时地得到边境的报告，说虢军常在边境上扰乱，有时抢夺些边民的庄稼、牲口、财物。他记住了大夫士蔿的那句“小不忍则乱大谋”的话，知道本国军力还不足，就抑制着愤怒，暂时没有发兵征剿。现在听了舟之侨的话，就加紧扩军备战，囤积粮秣，筹办兵器，以待时机，灭掉虢国。

又过了一年，到了鲁僖公二年（公元前658年），晋献公一切准备就序，就在早朝上提出攻伐虢国，让群臣献计献策。大夫荀息建议说："虢国和我国中间隔着一个虞国，我们可以向虞国借道，这样不必绕道，能够直插虢国的都城，打它个措手不及，一举歼灭。"

晋献公对这个建议十分满意，但又提出疑问说："虞国和虢国也是近邻，两国一向相处得很和睦，会借道给我们吗？"

荀息十分有把握地答道："虞公是个爱贪便宜的国君，把我们的千里马和珍贵的玉璧送给他，他准会答应借道，让我们顺利过境。"

晋献公一听就急了："这两样可是我的宝贝呀，怎么能轻易地送人呢？"

荀息解释说："如果向虞国借到了路，把这两样宝贝放在虞国，就如同放在我们自己的仓库里一样，随时都可以取回来。"

晋献公这下放心了，但他还有一样担心的事，就提了出来："我听说虞国有个大夫叫宫之奇，他很精明，大概他不会让虞公同意的。"

"国君，您只知其一，不知其二。我知道他的为人，懦弱退让，又不能坚决进谏。而且他从小就和虞公在宫里长大，虞公对他很亲昵，两人关系很随便。他虽然进谏，虞公也不会听从。"

于是晋献公就派荀息作为使臣到虞国去借路。荀息见了虞公，行过礼后，献上千里马和玉璧，说道："尊敬的国君，敝国国君让我代表他向您问候。他一向敬重您的忠厚，愿意跟您结交。特命臣下带来微薄的礼物，望您笑纳。"

虞公看着面前几案上晶莹温润的玉璧，又起身来到庭院，抚摸着千里马光洁的鬃毛，爱不释手，笑逐颜开，说道："这么名贵的礼物，我可受之有愧。不知贵国要我做些什么呢？"

"不敢劳国君的大驾。"荀息连忙接上说，"只是敝国有一件小事相求。您也知道，虢国多次侵犯我国的边界，抢夺我们的财物，我们要去惩罚他们一下，让他们不敢再胡作非为。特向贵国借条道，以便迅雷不及掩耳地攻进他们国内。"

虞公一听要借道，沉吟了一下，没有马上做出反应。宫之奇迅速向虞公递了个眼色，又连连摇着头，示意他不能答应。荀息把这一切都看在眼里，立即赔着笑脸，走上前去，说道："当年薄国的国君不行君道，残暴凶狠，曾率兵攻打贵国的一个城镇，四面包围了它。敝国国君闻讯后，立即派兵援助贵国，击退了敢于进犯贵国的薄国军队，重创了薄军，这因为我们是友邦，也是为了解决您的危难。国君该对这件事记忆犹新吧。那时贵君想送些礼物给敝国国君，以表示感谢，可是敝国国君坚决不肯收下，因为我们两国是友好邻邦嘛。”荀息故意提起往事，是想暗示虞公，晋国当年曾有恩于虞国，现在只是要求做些回报而已。

宫之奇又对虞公连连摆手，示意他万万不可答应。但虞公只是装作未看见。可是荀息看得一清二楚，就赶忙鼓动他说：“现在虢公也不行君道，残暴凶狠，还在我国边界上修筑了碉堡，时时侵犯我国南部边境，所以特向贵国借道，以兴问罪之师。我国将把所有的缴获，全都送给贵国。”

虞公想了想，觉得晋国先有惠于己，现在又拿来了传世珍宝，将来还能得到大批战利品，就不再犹豫，一口答应了下来。并且表示，虞国愿意派出军队，做晋军伐虢的先导。荀息和虞公约定了出兵的日期，就回国复命去了。

宫之奇见虞公将要退朝，忙上前说道：“国君，不能借道给晋国。一来晋军深入我们国土，我担心他们会做出什么不利于我们的事情，二来这会破坏了我们和虢国的友好关系。望国君三思而后行。”

◎ 龟形饰

虞公满不在乎地说：“宫大夫多虑了。我相信晋献公不会对我们有什么伤害，我们有了晋国这样强大的朋友，还怕虢国吗？再说我已经答应借道了，怎么可以失信于人呢？”

宫之奇再三劝谏，虞公就是不听。

这一年夏天，晋献公派将军里克、大夫荀息率领晋军进入虞国，和虞国的军队会师后，直奔虢国的下阳城。虢公没有防备虞国会借道给晋国，下阳城未设重兵，被晋军一举攻下。荀息觉得虢国并没有损伤元气，如果强行进攻，必然伤亡大量士兵，就停止了进攻，把下阳城奉送给虞公，就撤兵而回。

虢公虽然丢失了下阳城，却不接受教训，又出兵向南进发，攻打在桑田的戎族，并取得了胜利。这个消息传到了晋国，晋大夫卜偃对晋献公说：“虢国将要灭亡了。它们丢掉了下阳城却不害怕，反而还敢远征，动用武力，这是上天夺去了它的镜子，让它不能看见自己的丑恶，而加重自己的罪恶啊。它必定更加轻视晋国而不爱抚百姓了。出不了五年，虢国必定被我们灭亡。”

又过了两年，到了鲁僖公五年（公元前655年），晋献公觉得自己的实力足以灭掉虢国了，便派大夫荀息再一次去虞国借道，攻伐虢国。宫之奇得知这一消息，连忙拜见虞公，向他劝谏，说道："虢国，是我们虞国的外围；虢国灭亡，我们虞国也必然跟着灭亡。晋国是个虎狼之国，不能开启它的野心，引进敌寇一般的外国军队。允许晋国借道，有一次就已经过分了，难道可以来第二次吗？俗话所说的'辅车相依（车箱板和车互相依存），唇亡齿寒'，说的就是虞国和虢国的关系。"

虞公争辩说："晋国是我的同宗，难道会加害于我吗？"

宫之奇驳斥他说："虢国也是晋国的同宗，虢公的祖先做过周文王的卿士，他们有功于王室，受勋的记录至今仍藏在盟府里。按宗族关系，虢国同晋国比我们还亲近。晋国将要灭掉虢国，对虞国还能有什么爱惜的？晋献公把晋国的同族公子都杀害了，这么亲近的关系，只是因为怕威胁到自己的政权，就一个不留，何况是一个国家呢？"

虞公又争辩说："我的祭品丰盛而清洁，神灵一定保佑我。"

宫之奇又驳斥他说："臣下听说，鬼神并不亲近哪一个人，只是亲近美好的德行。经典上说：'祭祀的谷物不算芳香，只有美德才芳香。'如果没有美德，百姓就不亲附，神灵也不享用。如果晋国攻占了我们虞国，而发扬美德作为芳香的祭品，奉献给神灵，神灵难道会吐出来吗？"

虞公终究没有听从宫之奇的劝谏，答应了荀息借道的请求。宫之奇叹息着说："虞国不能再举行今年的腊日祭祀了，灭亡就在眼前。晋国就在此一举，用不着第二次发兵了。"他流着热泪，带领族人出走了。

晋献公亲率大军顺利地通过了虞国，发动突然袭击，一举攻下了上阳，灭亡了虢国，虢公逃亡到了京城。晋献公回师虞国，驻扎在城外，乘机偷袭虞国，俘虏了虞公。虞国从此就灭亡了。虞公悔恨交加，沉痛地说："'假途（借道）灭虢'，结果是'唇亡齿寒'，我是自食其果呀！"

蹲踞形羊

羊抬头前视，双角向后弯曲，四肢内屈呈蹲踞状，短尾。

历代名家点评

金圣叹曰：事险，便作险语。看其段段俱是峭笔健笔，更不下一宽句宽字。古人文必照事用笔，每每如此。

骊姬之乱

◎ 僖公四年～僖公六年（公元前656～公元前654年）

阅读提示

本文以极简省的文字，道出了晋献公的固执武断，骊姬的阴险恶毒，申生的注重孝慈仁义，重耳和夷吾的随机应变，一个个活生生的人物形象跃然纸上。

人物

骊　姬：春秋时骊戎的女儿。生年没有记载，死于晋献公二十六年（公元前651年）。晋献公的妻子，公子奚齐的母亲。

重　耳：晋献公是春秋时代的诸侯，晋武公的儿子。生性好色，当他为世子时，就和他庶母齐姜私通，生了个儿子名叫申生，即位以后立齐姜为夫人，申生为太子。献公共有八个儿子，其中以太子申生和重耳最为贤能。

原文

初，晋献公欲以骊姬为夫人，卜之不吉，筮[①]之吉。公曰："从筮。"卜人曰："筮短龟长，不如从长。且其繇[②]曰：'专之渝，攘公之羭[③]。一薰一莸[④]，十年尚犹有臭。'必不可。"弗听，立之。生奚齐，其娣生卓子。及将立奚齐，既与中大夫成谋，姬谓太子曰："君梦齐姜，必速祭之！"太子祭于曲沃，归胙[⑤]于公。公田，姬置诸宫六日，公至，毒而献之。公祭之地[⑥]，地坟；与犬，犬毙；与小臣，小臣亦毙。姬泣曰："贼由太子！"太子奔新城。公杀其傅杜原款。或谓太子："子辞，君必辩焉。"太子曰："君非姬氏，居不安，食不饱。我辞，姬必有罪。君老矣，吾

注释 <<<

①筮（shì）：古代用蓍草进行占卜。

②繇（zhòu）：用龟甲占卜所得之兆辞。

③羭（yú）：牡羊。这里暗指太子申生。

④莸（yóu）：生长在水边的草，茎似薰而味臭。

⑤归胙（zuò）：胙指祭祀时用的祭肉。臣有祭祀，必致祭肉于君，称归胙。

又不乐。”曰：“子其行乎？”太子曰：“君实不察其罪，被此名也以出，人谁纳我？” 十二月戊申，缢于新城⑦。姬遂谮二公子曰⑧：“皆知之。”重耳奔蒲⑨，夷吾奔屈⑩。

初，晋侯使士𫇭为二公子筑蒲与屈，不慎，置薪焉。夷吾诉之。公使让之。士𫇭稽首而对曰：“臣闻之，无丧而慼⑪，忧必雠焉⑫；无戎而城，雠必保焉。寇雠之保，又何慎焉？守官废命，不敬；固雠之保，不忠。失忠与敬，何以事君？诗云：‘怀德惟宁，宗子惟城。’君其修德而固宗子，何城如之？三年将寻师焉，焉用慎？”退而赋曰：“狐裘尨茸⑬，一国三公，吾谁适从。”及难，公使寺人披伐蒲。重耳曰：“君父之命不校。”乃徇曰：“校者吾雠也。”逾垣而走，披斩其袪，遂出奔翟。

六年春，晋侯使贾华伐屈。夷吾不能守，盟而行。将奔狄，郤芮曰：“后出同走，罪也。不如之梁，梁近秦而幸焉。”乃之梁。

⑥公祭之地：古人将饮，以酒泼地，以祭天地。
⑦缢：吊死。
⑧谮（zèn）：进谗言，说坏话。二公子：指重耳、夷吾。
⑨重耳：晋献公的次子，申生的异母弟，后为晋文公。蒲：重耳的采邑，在今山西隰县西北。
⑩夷吾：晋献公之子，申生的异母弟，后为晋惠公。屈：夷吾的采邑，在今山西吉县。
⑪慼：同“慽”，忧愁，悲伤的意思。
⑫雠（chóu）：雠同“仇”，应也，相应而至。
⑬尨茸（méng róng）：蓬松杂乱的样子。

史纪风云

鲁僖公九年（公元前651年），晋献公死了，晋国宫廷发生了争夺君位的内哄。这场内讧还得从晋献公说起。

晋献公尚未继位的时候，从齐国娶了一位妻子，名叫齐姜。齐姜生了一儿一女，儿子取名申生。晋献公即位后，立申生为太子。献公又从戎族娶了两个女子——大戎狐姬和小戎子，小戎子是大戎狐姬的妹妹，是作为媵妾陪嫁过来的。不久，大戎狐姬生了重耳，小戎子生了夷吾。晋献公率兵攻打骊戎，骊戎战败了，它的首领就把自己的女儿骊姬献给晋献公做妾，并让骊姬的妹妹陪嫁。晋献公带她们回国后，骊姬生了儿子奚齐，她妹妹生了儿子卓子。

骊姬会卖弄风骚，讨好国君，就得到晋献公的宠爱，想趁机立自己的儿子奚齐为太子，就用厚重的财物贿赂献公的男宠梁五和东关嬖五，让他们到晋献公跟前去推荐奚齐做太子。这二人合计了一番，想出了一个能说服晋献公的主意，让他把太子申生和公子重耳、夷吾从国都中打发出去。研究好后，就前去拜见，说道：“曲沃是晋国先君所封之地，那里建有晋国的宗庙，这样重要的地方，不能没有精明强干、具有实力的人去主管，如果没有这样的主管人，那里的百姓就会

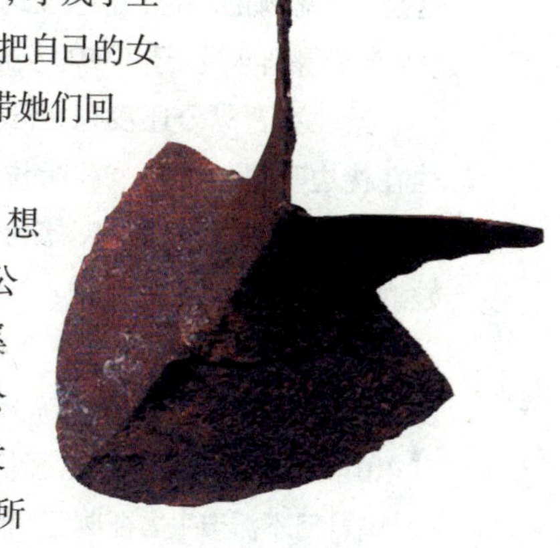
大铁铧

无所畏惧而放肆怠慢；若是派太子申生去主管曲沃，就会使百姓恐惧而不敢怠慢公事了。蒲城和北屈、南屈二城是我们晋国的边疆，不能没有强有力的地方官去主管，若是缺少这样的主管，就会开启戎族、狄族侵犯的念头。戎、狄二族有了侵犯的念头，那里的百姓就会轻视政令，这可是国家的祸患。公子重耳和公子夷吾都是年富力强、颇有智慧的人，若是让他们主管蒲城和北屈、南屈，戎、狄就会害怕，还可以表彰国君的功劳。”

晋献公听了没有什么表示，骊姬着急了，就又把梁五和东关嬖五找来，面授机宜，得机会就反复地陈述上面的意思。这二人又对晋献公说：“狄族土地广漠，如果归属我们晋国，可以在那里建立城市，晋国就可以开疆扩土了。”晋献公这回采纳了他们的意见，让太子申生住到曲沃去，让公子重耳住到蒲城去，让夷吾住到北屈、南屈去，别的公子也全都打发到边境上去住，都城里只留下骊姬的儿子奚齐以及她妹妹的儿子卓子。

◎ 春秋早期 兽头形竿头饰

晋国本来只有一个军，后来扩大为两个军，晋献公亲自率领上军，命太子申生率领下军，一举灭掉了耿国、霍国、卫国。班师以后，晋献公为太子申生在曲沃建造城池。

晋大夫士蔿针对此事，对申生说：“您将不能继承君位了，太子的名分要被废黜了。现在把有宗庙的大城分给了您，又让您统领下军，这是给了您卿的职位，您已经达到人臣的顶点了，又怎么能够立为国君？与其得到罪过，还不如早点逃走，以免遇祸。”申生没有听从。

骊姬看晋献公还没有立自己的儿子奚齐为太子的意思，就不断地在枕边吹风，说道：“我听说申生十分仁德，对百姓宽厚。他说您受我蛊惑，必定扰乱国家，您何不杀了我，不要因为一个宠妾而使百姓遭难。”晋献公安慰她说：“你不要担忧，我会处置他的。”

骊姬总想给申生制造一个犯罪的机会，以便除掉他。她想让申生出去作战，如果申生失败了，就有废去他的口实了，于是对晋献公说：“东山的赤狄皋落氏，经常骚扰我国边境，那里的百姓不能耕田、放牧，国君何不派申生去征剿呢？他如果不能获胜，就是给他治罪也是应该的；他若是战胜赤狄，我们的边疆得到巩固，岂不更好？”

晋献公听信了骊姬的话，就派申生率军攻打赤狄皋落氏。大夫里克前来谏阻，说道："太子是奉事宗庙祭祀和早晚照看国君饮食的人。国君在外，他守护国家，叫做监国；跟随国君外出，叫做监军。领兵作战、发号施令，是国君和正卿所要策划的，不是太子的事情。而且臣下听说赤狄正准备出兵迎战，国君还是放弃成命为好。"

晋献公不满意地说："我有好几个儿子，还不知道立谁为嗣君呢！"

里克只好退了下去，前去晋见太子申生。申生说道："我恐怕要被废黜了吧？"里克鼓励他说："国君命令您在曲沃治理百姓，这次又让您熟悉军事，您应当担心的是不能完成任务，为什么要害怕废立呢？而且做儿子的应该害怕不孝，不应该害怕不能立为嗣君。修养自己而不责备别人，就可以免于祸难。"

申生本不愿意出征，但有君父的命令，只好硬着头皮挂帅。出征前，晋献公让他穿上左右两色的衣服，佩带金玦。申生对这种服装和饰物不明白是什么意思，就询问身边的人，他的车右先友为他解释，并鼓励他说："穿着国君衣服的一半，掌握着军事机要，成败全在此一举。您要自己努力啊！国君分出一半衣服没有恶意，兵权在手可以远离灾祸，国君的举动既亲近又没有灾祸，您还担心什么？"

听了这些话，申生的心里稍稍安定了一些。但是他的驭手狐突却长长叹了一口气，说道："时令，是事情的象征；衣服，是身份的标志；佩饰，是心意的旗帜。国君应当在前半年发布命令，赐您纯色的衣服，让您佩带合于规定的饰物。现在到年终才发布命令，那是要让事情行不通；赐给您穿杂色的衣服，那是要疏远您；让您佩带金玦，那是表示废弃您太子之位的意思。国君还说'要把敌人消灭光了再回来'，难道敌人能消灭光吗？即使消灭光了，还有内部谗言，不如离开这里。"狐突说完就要走。

卧鹿形竿头饰

申生说："君命不可违，我要尽心孝道，安定百姓。现在只有战胜赤狄才有出路。望各位大夫尽力辅佐我。"

申生奋勇杀敌，终于战胜了敌人，率师凯旋。骊姬就让亲信在国内散布谗害申生的流言，狐突则闭门不出。

骊姬知道只要申生还活在世上，要立奚齐为太子就多一个重要障碍，她就又设下了一个毒计。在申生回国都述职的时候，骊姬把申生召进宫中对他说："国君梦见你母亲齐姜，你一定要赶快去祭祀。"太子到曲沃去祭祀，把祭酒祭肉带回来献给晋献公。献公刚好出外打猎，骊姬把酒肉放在宫里六天。献公狩猎归来，骊姬在酒肉里下了毒药后才献上去。献公用酒祭地，把酒泼在地上，土地立刻凸起，像坟堆一样。拿肉给狗吃，狗立刻死了。又给宦官吃，宦官也死了。骊姬哭泣着说："这酒和肉是太子亲自交给我的，阴谋就是从太子那里来的。"

春秋早期 青铜器

晋献公大怒，下令捉拿太子申生。申生闻讯，惊惶地逃往曲沃，献公杀了他的师傅杜原款。

有人对太子说："您如果好好辩解一下，国君是一定能把真相弄清楚的。"太子却回答说："国君明白了真相，会惩罚骊姬的。国君没有了骊姬，就会居处不安，饮食不饱。国君年纪老了，因为骊姬获罪而不高兴，我也不会高兴的。"

那人又对太子说："那么您就逃走吧。"太子回答说："国君还没有查清我的罪过，带着个弑父弑君的恶名，有谁会接纳我？"

这年十二月，太子就在曲沃的宗庙里自缢而死。临死前他让随从转告大夫狐突："我没有听您的话，以至于死。我并不怕死。虽然如此，我的君父已经老了，国家又多难，您如果不出山，谁来辅佐国君？您如果出山辅佐国君，我虽死无悔。"

骊姬用阴谋害死了申生，就开始诬陷重耳、夷吾两位公子，她对晋献公说："申生谋害国君的阴谋，重耳和夷吾都知道，他们也都参与了。"

晋献公本来就宠爱骊姬，对她的话句句相信，不再向大臣们询问，就下令逮捕重耳和夷吾。他们闻讯后就连忙逃离国都，重耳逃回到蒲城，夷吾逃到屈地。晋献公余怒未息，就派宦官披带领军队前往蒲城捉拿重耳。献公命令披可以呆一宿到达，披却兼程而行，立即出发，赶到蒲城，挥兵四面包围。蒲城的官员、百姓准备抵抗。重耳制止他们说："我依靠了君父的命令而享有抚养百姓的俸禄，因此才得到百姓的拥护。有百姓的拥护却反抗君父的命令，没有比这再大的罪过了。我还是逃亡吧。"于是通令全城军民："有敢于违抗我的命令进行抵抗的，就是我的敌人。"说完，就爬上墙头，越墙而逃。

春秋时期 陶支座

宦官披发现重耳从墙上跳下来，就冲上来截

杀，重耳也不交战，转身就逃，宦官披朝他猛挥一剑，砍掉了他的袖口。重耳连夜逃亡到狄族那里，暂时居住下来。

晋献公在派宦官披捉拿重耳的同时，也派人率兵赶往屈地捉拿公子夷吾。夷吾指挥屈城的军民固守城池。因为前来攻伐的士兵不多，屈城难以攻破，就退兵而回了。第二年春天，晋献公又派右行大夫贾华率领重兵前去攻打屈城，夷吾率众严加防守，但终因寡不敌众，难以守住，就和屈城的百姓订立盟约，约定他们以后再相助，然后带了几个人逃出城去。他准备逃亡到狄族那里。随从的大夫郤芮劝阻说："公子重耳已经到了狄族那里，你在他之后再和他一起奔狄，这就是有罪的，因为这会证实骊姬诬陷你们公子共同参与谋害献公的话是真的了，还不如到梁国去。梁国靠近秦国，又得到秦国的信任，可以求梁国接纳您。"夷吾认为郤芮说得有道理，就投奔梁国去了。

回头再说晋献公，他听信了骊姬的谗言，逼死了太子申生，又逼走了公子重耳、夷吾，骊姬的目的达到了，就对献公说："申生已经死了，晋国不能没有太子，要赶快立奚齐为太子，不然别的公子和逃亡在外的重耳、夷吾也都觊觎着这个位置，国家又该发生动乱了，您说对吗？"

献公答应了她的要求，就让大夫荀息做奚齐的师傅，教导奚齐各种礼仪，以及管理国家的方法。不久，晋献公得了重病，把荀息召到寝宫中，指着站在身边的奚齐说："今天我把这个弱小的孤儿托付给您，您将怎么辅佐他呢？"

荀息连忙跪下叩头，回答说："臣下愿意竭尽所有的力量来辅佐他，用一片赤诚忠贞对待他。辅佐成功，那是国君的在天之灵护佑的；不成功，我就以一死来跟随他。"

晋献公问道："什么叫赤诚忠贞？"

"国家的利益，尽我所有的能力，没有不努力去做的，这就是忠；送走已逝去的，侍奉在位的，做到两边都没有疑猜，这就是贞。"晋献公放心地点了点头，一手拉住奚齐，一手拉住荀息，让他们两人的手合在一起，然后闭上了混浊的双眼。

晋献公一死，朝廷就动荡不安了，各公子潜伏在国内的势力都四处活动起来，各自想立自己亲近的公子为国君。大夫里克、丕郑准备接回公子重耳，让他继承君位，就与申生、重耳、夷吾的党羽秘密联络，得到了他们的支持，于是发动这些人起来作乱。里克对他们说："奚齐现在是最大的障碍，他得到先君献公的宠爱，又有荀息的辅佐，首先要杀掉他，断绝一些人的幻想，再接公子重耳回来，就名正言顺了。"大家同意他的说法。于是里克就去会见荀息，告诉他说："如今三位公子的同党，都一致要求杀死奚齐，因为晋国这场宫廷内乱是由她母亲骊姬一手策划造成的，不能容忍她的儿子继位。他们这些人得到秦国的赞助，又得到晋国臣民的支持，您打算怎么办?"

荀息未加考虑，冷静地说："我打算死。"里克劝阻说："死有什么用处啊?我劝您和我们一起除掉奚齐，共同辅佐重耳吧。"荀息激动起来，慷慨激昂地说："我答应过先君献公要以死辅佐奚齐，我是他的师傅，应尽一个师傅保护幼君的责任，这是不能改变的。难道我要信守诺言而会吝惜一身吗?虽然我知道死并没有用处，但是我又能躲到哪里去呢?况且人们都要求有所作为，哪一个不像我一样?我不想改变诺言，难道我能够制止你们效忠于重耳吗?"

里克知道说服不了荀息，也难以让他加入自己的行列，就带人闯入奚齐居丧的茅屋里，还未等他明白发生了什么事，就一剑杀死了他。

荀息得知奚齐被杀的消息后，深愧自己没有尽到责任，就准备为奚齐殉死，拔剑自刎。他身边的随从急忙夺下他手中的剑，劝慰说："您不能死。现在国都内只有骊姬之妹的儿子卓子，您不如立他为国君而辅佐他，国家不能一日无君啊。"

荀息就立卓子为国君。里克又带兵闯进朝廷，在国君的座位上结束了卓子的生命，然后又闯进后宫，抓住骊姬，用鞭子狠抽一顿，才杀了她。荀息在朝廷上见到卓子鲜血四溅，深恨自己无力保护，就自杀而死。

春秋时期 陶罐

奚齐、卓子被杀的消息很快传到了秦国。这时公子夷吾已由梁国来到了秦国，跟他前来的大夫郤芮让夷吾快去拜见秦穆公，请求秦国帮助他回国取得国君之位，并为他出主意说："公子可以答应秦穆公，回国即位之后，把晋国靠近秦国的五座城市割让给秦国，作为对秦穆公的谢礼。"

公子夷吾犹豫了一下，说道："还未即位就献出土地，恐怕不妥吧。”

“这有什么不妥。”郤芮打断他的话，紧接着说，“晋国此时并非你所有，有什么可爱惜的，怎么就不能作为重礼以取得秦国的帮助呢?回到国家而得到百姓，这才是最重要的，一点土地不足惜，得民为上策。”

夷吾就让郤芮带上贵重礼物，先去拜见秦穆公，探听一下他的态度。秦穆公问道：“公子夷吾在国内依靠什么人?他能够安定国家吗?”郤芮回答说：“公子小时候不喜欢玩耍，能够争斗而不过分，国内支持他的人很多，他一定会让晋国安定下来，而且永远和您友好。”

秦穆公贪图晋国的土地，就答应了夷吾的请求。恰好此时齐桓公也支持夷吾，并派将军隰朋率兵前来，秦军和齐军会合，共同护送夷吾回国即位，这就是晋惠公。

晋惠公即位后，秦穆公就派人前来索要曾答应割让的五座城市。晋惠公怕献城割地激怒国人，但又不敢得罪秦国，坐不稳君位，就派大夫丕郑前往秦国聘问，为推迟割让国土而致歉。秦穆公也只好等待。

晋大夫本来是支持公子重耳的，没想到公子夷吾抢先回国继承了君位，常心怀不满。晋惠公因为重耳还流亡在外，怕里克再发动变乱，就打算杀掉里克以绝后患。他派人对里克说：“如果没有您，我就当不上晋君。虽然如此，但是您连杀两位国君、一位大夫，我怎敢再做你的国君啊?”

里克刚正地说：“我不杀掉奚齐、卓子，您怎么能登上君位?欲加之罪，何患无辞?”就拔剑自杀了。他的同党丕郑因为出使秦国没赶上这场灾难。

晋献公自娶了骊姬之后，宫廷就从未平静过。晋惠公即位，晋国才暂时安定了几年。

战国前期 鹿角立鹤
陈设器。鹤昂首。钩形尖嘴。瘦长颈。两翅展开做轻拍状。拱背。垂尾。鹤首有铭文“曾侯乙作持用终”七字。

历代名家点评

明朝梁辰鱼《浣纱记·论侠》：“晋献公有子三人，长曰申生，次曰重耳，次曰夷吾。献公听骊姬之谮，申生自杀，重耳奔翟国，夷吾守屈城。”

子鱼论战

◎ 僖公二十二年（公元前638年）

阅读提示

在文中宋襄公摆出了一副仁义长者的姿态，嘴上挂着“不乘人之危”的话，贻误了大好的作战时机。而子鱼却主张抓住战机，先发制人。战场上的胜负，判定了两个人的对与错。

人物

宋襄公：宋国第二十任君主，宋桓公次子，名兹父，“春秋五霸”之一。

子　鱼：宋国公子目夷，字子鱼。著名的政治家、军事家。襄公即位后，子鱼为相。

原文

楚人伐宋以救郑。宋公将战，大司马固谏曰：“天之弃商久矣，君将兴之，弗可赦也已。”弗听。冬十一月己巳朔，宋公及楚人战于泓。宋人既成列，楚人未既济。司马曰：“彼众我寡，及其未既济也请击之。”公曰：“不可。”既济而未成列，又以告。公曰：“未可。”既陈而后击之，宋师败绩。公伤股，门官歼焉。

国人皆咎公[①]。公曰：“君子不重伤[②]，不禽二毛。古之为军也，不以阻隘也。寡人虽亡国之余，不鼓不成列。”

子鱼曰：“君未知战。勍敌之人，隘而不列，天赞我也。阻而鼓之，不亦可乎？犹有惧焉。且今之勍者[③]，皆吾敌也。虽及胡耇[④]，获则取之，何有于二毛？明耻教战，求杀敌也。伤未及

注释 <<<

①咎公：归罪于宋公。

②不重伤：重，再也。对受伤之敌不再加伤害。

③勍：强。

④胡耇：老年人，长寿者。耇，多寿。

⑤儳（chán）：队列混乱，进退无章。

死，如何勿重！若爱重伤，则如勿伤；爱其二毛，则如服焉。三军以利用也，金鼓以声气也。利而用之，阻隘可也；声盛致志，鼓儳⑤可也。”

史纪风云

齐桓公喜欢女色，内宠很多，其中受宠的女人地位如同夫人的有六个：大卫姬，她生了公子无亏；小卫姬，她生了公子元，就是后来的齐惠公；郑姬，她生了公子昭，就是后来的齐孝公；葛嬴，她生了公子潘，就是后来的齐昭公；密姬，她生了公子商人，就是后来的齐懿公；宋华子，生了公子雍。

国相管仲是一个很有远见的人，他见齐桓公近些年体衰多病，担心他将不久于人世，而他又有这么多公子，怕齐桓公死后，这些公子起来争夺君位，齐国必会发生内乱，百姓就要遭殃。所以管仲就建议齐桓公尽早确立太子，以断绝众妃和公子们的非分之想。

齐桓公认为管仲的意见正确，就和他商议立哪个公子做太子更合适。经过一番分析比较，都认为郑姬生的公子昭聪明伶俐，为人忠厚，于是就把公子昭立为太子。齐桓公嘱咐说：“国相，你今后要多多辅佐太子，让他早日增长治理国家的本领。”

“臣下遵命，当以忠心报效国君对臣下的厚遇。不过——”管仲表明了尽忠的态度，又把话题一转，“最好寻找一个比较有力量的国家作为太子的靠山，把太子托付给那国的国君。如果国内政局发生了什么变故，可以用那国的兵力做后盾，帮助太子顺利地继承君位。”

“国相认为目前哪一个国家的国君可以托付太子呢？”

“臣下以为宋襄公是比较适合的人选。宋襄公即位以来，任命他的异母哥哥公子目夷做左师，来处理政事，宋国也由此而大治，国力大大增强。宋国虽然是个小国，但有一定的军事实力，在诸侯中有较高的威望。宋襄公又特别讲究仁义，具有仁爱之心。这样的人是值得信赖的。”

齐桓公点了点头，他也觉得宋襄公忠诚厚道，以仁为本。他多次会合诸侯，宋襄公都参加了。齐国和宋国是联盟之国，宋

◎ 春秋晚期 蟠龙纹壶

襄公和齐桓公二人的私交也不错，常有来往，于是就决定把太子托付给宋襄公，并立即选派使臣，携带着贵重的礼物和齐桓公的亲笔信函，前往宋国，表明齐国的愿望，恳请宋襄公应允。

宋襄公接见了齐使，听他说明了来意，并读了齐桓公的亲笔信，认为这是齐国对自己的信任，当即答应了齐桓公的要求。并委托齐使给齐太子捎回去一份礼物，表示对这种辅助关系的确认，也含有向诸侯炫耀的意思，以便他今后处理与齐太子相关的事情能够名正言顺 。

齐桓公听完齐使的禀报，知道宋襄公一口应承，觉得完成了一件大事，心头感到一阵轻松。这时齐桓公已经步入老年，认为霸主的地位树立得已很牢固，就别无所求，整日沉溺在歌舞饮宴之中，享受晚年之乐了。

齐国宫廷中有三个奸邪小人：寺人貂、易牙、开方，看到齐桓公不过问政事，他们就趁机讨好，阿谀奉迎，以求得升迁。管仲见齐桓公对这三个人非常信任亲近，怕他们扰乱后宫、干预国政，就劝谏齐桓公疏远他们，万万不可委以重任。

齐桓公不解地问：“这三个人对我百依百顺，侍奉得很尽心，为什么非要把他们赶走呢?还会有这么得心应手的侍从吗?相国太多虑了吧?”

管仲直言不讳地说：“寺人貂是个什么人?他原来只不过是朝廷上的一个小仆人，他见您喜欢他，又知道您好妒忌，为了日夜都能接近您，可以随意出入后宫，便阉割了自己，成为寺人(宦官)。这种人连自己的身体都不爱惜，还能忠于您吗?”

“那么易牙呢?”

“易牙只是个一般的厨师，他以烹调美味也取得了您的欢心。当您说‘没尝过婴儿肉’的时候，他就回家把他刚刚生下的第一个儿子杀了蒸熟奉献给您，得到了您的夸奖。连自己的儿子都不爱的人，会对您忠心耿耿吗?”

“那么开方呢?”

“开方是卫国的太子，侍奉您十五年，齐国和卫国之间，只有几天的路程，可是他从未回国看望过自己的父母。这种毫无孝心的人，会对您竭力尽忠吗?一个太子竟放弃优越的地位，跑到异国他乡做一个下臣，必定包藏祸心。”

“我眼下应当怎样办呢?”齐桓公有些被管仲说动了，就询问良策。

“立即把他们从朝廷中赶出去，不然他们就是扰乱宫廷的祸根。”

齐桓公虽然觉得管仲说得有道理，但一时没有物色到更合适的人选，就没有马上打发他们走。可是不久，管仲就病逝了。齐桓公认为寺人貂、易牙、开方还不至于像管仲说得那么严重，就让这三个人留了下来。他们三个见管仲一死，就更放肆起来。

易牙懂得要取得齐桓公的进一步信任，还要取得后宫有势力的嫔妃的支持，就极力巴结大卫姬，大卫姬也需要齐桓公宠信的人支持，及时通风报信，并在国君耳边常进美言，他们一拍即合，勾结起来。大卫姬经常在枕边说公子昭的坏话，要求立自己的儿子公子无亏为太子。寺人貂和易牙也轮番贬斥公子昭，说他软弱无能，是个平庸之辈，恐怕将来担当不了管理国家的大任，希望能让公子无亏继承君位。

这时齐桓公已年老昏聩，体弱多病，听信了他们的话，就答应立公子无亏为继承人。

不久，齐桓公久病不治，一命呜呼了。六个公子早已各自秘密结党，现在就都公开谋求立为嗣君，宫廷动荡，一片混乱。易牙和寺人貂、开方等人依靠大卫姬，杀死了一些敢于支持公子昭的大夫，把持了朝政，立公子无亏为国君，并捉拿公子昭。公子昭闻讯后，就逃到了宋国，向宋襄公哭诉宫廷发生政变的经过，请求他护送自己回国继承君位，以不负君父的期望。

宋襄公本来受过齐桓公的重托，觉得自己要信守诺言，有责任保护公子昭。他想得更多的是，齐桓公一死，天下没有了霸主，他想接替齐桓公称霸。于是爽快地答应了公子昭的请求，并把他安置在宾馆里住下，让侍从们好好款待。

鲁僖公十八年(公元前642年)春天，宋襄公向各诸侯国发出通告，要求各路诸侯率兵到宋国会集，共同讨伐齐国，护送公子昭回国即位。一些大国根本没把宋国放在眼里，接到通告后，置若罔闻，不加理睬。只有邻近宋国的卫、曹、邾等几个小国，过去又都同齐桓公订立过盟约，这次带着兵车、士卒来了。宋国的军队与他们会合后，在宋襄公的统率下，向齐国杀来。

齐国的一些大臣听说四国联军护送公子昭归来，已经大兵压境，而公子无亏刚刚即位，没有号召力，就趁机杀了公子无亏和寺人貂，赶跑了易牙，准备打开国门，迎接公子昭进入国都，登上君位。但是公子潘、公子商人、公子元、公子雍等人联合起来反对公子昭回国即位，就带领军队和联军作战。这些人是乌合之众，被宋襄公一举击溃。宋襄公攻入齐国，立公子昭为国君，这就是齐孝公。

青铜斧

宋襄公击败齐军，拥立齐孝公成功，觉得自己的力量已很强大，便想当诸侯的霸主。为了当霸主，便要显示威力。于是他召集曹国和邾国的国君在曹国的南部边界举行会盟。会盟后，宋襄公以曹国招待不周，未尽地主之谊为由，派兵包围了曹国，曹君赔礼谢罪之后，宋国才撤兵而还。鄫国国君后到邾国参加会盟，宋襄公就以此为理由，命邾文公逮捕了他。又毫无理由地攻打滕国，活捉了滕国国君滕文公。宋襄公又让邾文公杀死鄫国之君来祭祀土地神，以使东夷族来归附，因为东夷族都是杀人祭祀。公子目夷觉得这样做太残忍，就劝谏说："古时候祭祀不能用六畜互相代替，小的祭祀不杀大牲口，何况用人呢?祭祀是为了人。百姓是神的主人。杀人祭祀，有谁来享用?现在为了一次会盟，就伤害滕国、邾国两个国家的国君，又用来祭祀邪恶昏乱的鬼神，如果想凭借这些手段来求得霸业，不是太难了吗?将来能求得善终就算幸运了。"宋襄公终于没有听从公子目夷的劝告。

紧接着宋襄公再一次包围了曹国，因为曹国不顺服，不肯向宋国纳贡。公子目夷劝谏说："您应该反省一下自己的德行，看看有没有欠缺，等到没有欠缺再发动战争才可以。现在您攻打曹国，能把它怎么样?还是退兵吧。"宋襄公不听，直到曹君答应送去贡赋才撤兵。

这时位于南方的楚国逐渐强盛起来，也想向中原发展势力，称霸诸侯。楚国国君楚成王心目中早已不把周襄王视为天子，而是自封为王，有觊觎天下的野心，并和陈、蔡、郑、齐等国在齐国订立了盟约，得到了这些诸侯国的拥护。宋襄公知道，要想成就霸业必先取得楚国的承认，那些原先屈从楚国的小国，自然也就会承认自己的霸主地位。于是就约会楚成王到宋国的鹿上城结盟。公子目夷连忙谏阻说："小国争当盟主，这是灾祸。还是不忙着称霸吧。"宋襄公称霸心切，哪里听得下去，就说："邀请信已经发出了，还能再通知人家不来吗?"见襄公不听劝阻，公子目夷退下来叹息着说："宋国恐怕要灭亡了，灭亡得晚一点就算是幸运了。"

楚成王要探探宋国的虚实，就到鹿上城来了。在会上，宋襄公要求楚成王尊奉自己为盟主。楚成王觉得自己的兵力不充足，还不是称霸的时候，就答应了宋襄公的要求。双方还约定秋天到宋国的盂城，和中原的诸侯举行盟会。两位国君的会谈很顺利，宋襄公就设宴为楚成王饯行，并且提出："既然是会盟，各国要结成友好关系，就请各位诸侯前来敝国时，轻车简从不带兵车，不知您意下如何?"

"那是自然。就请您派使臣通知各诸侯吧。"楚成王一口答应了。

秋天到了，田野里一片金黄。宋襄公命随从们准备了几辆轻便小车，要到盂城参加盟会。公子目夷十分诚恳地劝告说："楚国是个南蛮之国，力量强大，而又不讲信义，请您率领兵车和甲士前往，以防不测。再说您让楚成王会同各国诸侯深入到我们的腹地，万一发生什么变故，会对我们宋国造成严重的威胁。国君还要三思而行。"

"不可!"宋襄公刚愎自用，一口否决，"让诸侯都乘轻便车，是我提出来的，现在我毁坏约法，这不是失信于诸侯吗?诸侯见我有戒心，便会认为我无诚意，还会共尊我为盟主吗?再说确定盂城为会盟之地，也是我提出来的，在我们国家会盟，这本身就是对我们的尊重和承认，是求之不得

的事。盂城的周边都是我们的土地，谁敢发动变乱?我看你也过于多虑了。”

公子目夷进一步说：“盂城可是个发生灾祸的地方啊，您万万不可掉以轻心，轻率对待啊!”宋襄公根本听不进公子目夷的相劝，乘着轻车出发了。公子目夷只好退了下来，长长地叹息了一声：“国君称霸的欲望太强了，简直是迷了心窍。这怎么得了啊?”无奈，他只好乘轻车跟随。

楚、陈、蔡、郑、许、曹等国的国君陆陆续续地来到了盂城。楚成王来得最早，他虽然乘的是轻车，却带来了大量兵车，预先埋伏在城外的树林中，自己带着装扮成随从的武士，乘着轻车进入城中。

盟会开始了，宋襄公以东道主的身份首先致词：“当年齐桓公是大家公认的霸主，他把齐孝公托付给我，说明他对我的信任，也说明我在诸侯中有很高的威望，有成为霸主的资格。后来齐国发生内乱，是我首先发出号召，安定齐国，并带领几位诸侯率兵护送齐孝公回国即位。实际上我已得到了诸侯的承认，这是在座各位有目共睹的。今天我又召集各位在敝国会盟，望大家推举一位盟主，共同来安定天下。”

宋襄公这一番话大有盟主非我莫属的气势，早就激怒了睥睨着他的楚庄王。楚庄王二话不说，冲上前一把抓住宋襄公，随手掣出身藏的短剑，直逼宋襄公的咽喉。楚成王的随从也都敞开外衣，露出铠甲，手持利刃，把宋襄公团团围住。其他诸侯都被这种刀兵相见的场面吓坏了，躲在墙角里瑟瑟发抖。

这时，屋外人呐喊、马嘶鸣，楚国的战车已包围了会场，楚成王命武士押着宋襄公扔上战车，奔回国去。宋襄公的霸主梦破灭了。楚成王觉得拘押宋襄公无益于自己称霸，这年冬天就把他放回国去。

宋襄公回国后对楚成王怀恨在心，发誓要出这口恶气，实现称霸的梦想，就积极积蓄力量，扩军备战。

第二年夏天，郑国国君郑文公去朝见楚成王，宋襄公认为郑国一直追随楚国，必须先打败郑国，给楚国一点颜色看看。公子目夷和司马公孙固坚决劝阻，只是宋襄公根本不听，亲自率兵攻打郑国。郑

文公急向楚成王求救。

楚成王知道宋襄公是冲着自己来的，就亲率大军直接去进攻宋国。宋襄公马上放弃了郑国，回师迎敌，来到泓水边上，安营扎寨，布好阵势。楚军也急匆匆地赶到了对岸，就抢渡泓水。刚刚过去一部分人马，公孙固建议宋襄公说："楚军人多，我军人少，他们还没有全部渡过来，请您赶快下令出击，打他们一个措手不及。"

宋襄公说："不行。打仗要讲仁义，君子不进攻没有准备的人。"

楚军全部渡过泓水，正忙乱地布阵，公孙固又催促宋襄公赶快下令出击："趁楚军还没有布成阵击败他们。"

宋襄公说："不行，君子不进攻还没有列好军阵的敌军。"

楚军排好阵势后，也不待宋军作出反应，就擂响战鼓，发起猛攻。宋军被猛虎般的楚军打得大败，纷纷逃遁。宋襄公的大腿被射中了一箭，身边的卫士全都战死。在公孙固的护卫下，宋襄公才逃回国都。

国都的人都埋怨宋襄公，他却振振有词地说："君子不伤害伤兵，不俘虏头发花白的人，不在险要的地方狙击。我虽然是殷商亡国之君的后裔，也不攻击没有摆开阵势的敌人。"

公子目夷批评他说："您不懂得作战。敌人受伤而没有死，为什么不能再伤害他一次?爱惜头发花白的敌人，就应当向他们投降。敌人没列好阵势就进攻他们，正是抓住有利的战机。"宋襄公连连摇着头说："你们不懂仁义啊!"

泓水一战，宋军崩溃，从此一蹶不振。宋襄公由于伤势过重，第二年就死了，他称霸的梦想，也就化为泡影了。

历代名家点评

金圣叹曰：笔快却如剪刀快相似，愈剪愈疾，愈疾愈剪。胸中无数关隔噎欬之病，读此文，便一时顿消。

冯李骅曰：此是《左传》开首第一篇驳难文字。看其层层抉摘，一转一紧，临了却作宕漾之笔，于紧处得松，尤能令意味悠然有余也。

重耳之亡

◎ 僖公二十三年~二十四年（公元前637~636年）

阅读提示

从一个贪图享乐、养尊处优的公子哥儿，到后来春秋时显赫一时的霸主，流亡中的屈辱、困苦、安乐的体验，使重耳逐渐地领悟到人生的真谛。

人物

重　耳：晋文公（公元前697~公元前636年），春秋时期著名的政治家，晋国的国君，与齐桓公齐名，为“春秋五霸”之一。

齐桓公：春秋时齐国的国君（公元前685~公元前643），姜姓，名小白。号召“尊王攘夷”，居“春秋五霸”之首。

原文

晋公子重耳之及于难也，晋人伐诸蒲城。蒲城人欲战，重耳不可，曰：“保君父之命而享其生禄，于是乎得人。有人而校，罪莫大焉。吾其奔也。”遂奔狄。从者狐偃、赵衰、颠颉、魏武子、司空季子[①]。狄人伐廧咎如，获其二女，叔隗、季隗，纳诸公子。公子取季隗，生伯儵、叔刘[②]；以叔隗妻赵衰，生盾。将适齐，谓季隗曰：“待我二十五年，不来而后嫁。”对曰：“我二十五年矣，又如是而嫁，则就木[③]焉。请待子。”处狄十二年而行。

过卫，卫文公不礼焉。出于五鹿，乞食于野人，野人与之块，公子怒，欲鞭之。子犯曰：“天赐也。”稽首，受而载之。

及齐，齐桓公妻之，有马二十乘[④]，公子安之。从者以为不

注释<<<

①狐偃：重耳的舅父，又称子犯，舅犯。重耳身边的主要谋臣。赵衰：重耳的亲信之一，也称成季、赵成子、孟子余。颠颉：晋国大夫。魏武子：晋国大夫，曾为晋文公车右。司空季子：司空为官职，季子为名，亦称胥臣。

②儵（yóu）：同“由”。

③就木：木指棺椁，就木就是装入棺椁，代表死亡的意思。

④乘：古时用四匹马驾一乘车，二十乘即八十匹马。

可。将行，谋于桑下。蚕妾在其上，以告姜氏，姜氏杀之。而谓公子曰："子有四方之志，其闻之者吾杀之矣。"公子曰："无之。" 姜曰："行也！怀与安，实败名。"公子不可。姜与子犯谋，醉而遣之。醒，以戈逐子犯。

及曹，曹共公闻其骈胁[⑤]，欲观其裸。浴，薄而观之。僖负羁之妻曰："吾观晋公子之从者，皆足以相国。若以相，夫子必反其国。反其国，必得志于诸侯。得志于诸侯而诛无礼，曹其首也。子盍蚤自贰焉[⑥]。"乃馈盘飧，置璧焉[⑦]。公子受飧反璧。

及宋，宋襄公赠之以马二十乘。

及郑，郑文公亦不礼焉。叔詹谏曰："臣闻天之所启，人弗及也。晋公子有三焉，天其或者将建诸，君其礼焉。男女同姓，其生不蕃。晋公子，姬出也，而至于今，一也。离外之患，而天不靖晋国，殆将启之，二也。有三士，足以上人，而从之，三也。晋、郑同侪[⑧]，其过子弟，固将礼焉，况天之所启乎？"弗听。

及楚，楚子享之，曰："公子若反晋国，则何以报不穀？"对曰："子女玉帛，则君有之；羽毛齿革，则君地生焉。其波及晋国者，君之余也，其何以报君？"曰："虽然，何以报我？"对曰："若以君之灵，得反晋国，晋、楚治兵，遇于中原，其避君三舍[⑨]。若不获命，其左执鞭弭，右属櫜鞬[⑩]，以与君周旋。"子玉请杀之。楚子曰："晋公子广而俭，文而有礼。其从者肃而宽，忠而能力。晋侯无亲，外内恶之。吾闻姬姓，唐叔之后，其后衰者也，其将由晋公子乎。天将兴之，谁能废之。违天必有大咎。"乃送诸秦。

秦伯纳女五人，怀嬴与焉。奉匜沃盥，既而挥之。怒曰："秦、晋匹也，何以卑我？"公子惧，降服而囚。他日，公享之。子犯曰："吾不如衰之文也，请使衰从。"公子赋《河水》，公赋《六月》。赵衰曰："重耳拜赐。"

公子降拜稽首，公降一级而辞焉。衰曰："君称所以佐天子者命重耳，重耳敢不拜。"

二十四年春，王正月，秦伯纳之，不书，不告入也。及河，子犯以璧授公子曰："臣负羁绁从君巡于天

⑤骈：连在一起。胁：即肋也。骈胁即肋骨连在一起，如同一片。
⑥蚤：同"早"。贰：不一致。
⑦盘飧（sūn）：一盘饭。置璧焉：将宝玉藏在饭中。
⑧同侪（chái）：同等、同辈。郑与晋为同姓，同姓诸侯为同等、同辈，称为同侪。
⑨舍：舍为三十里，古时行军日行三十里。避君三舍：退让君三日路程九十里，以示谦让。
⑩櫜（gāo）：箭袋。

下，臣之罪甚多矣。臣犹知之，而况君乎？请由此亡。”

公子曰：“所不与舅氏同心者，有如白水。”投其璧于河。济河，围令狐，入桑泉，取臼衰。二月甲午，晋师军于庐柳。秦伯使公子絷如晋师，师退，军于郇。辛丑，狐偃及秦、晋之大夫盟于郇。壬寅，公子入于晋师。丙午，入于曲沃。丁未，朝于武宫。戊申，使杀怀公于高梁。不书，亦不告也。

史纪风云

晋国的公子重耳是晋献公后娶的夫人大戎狐姬所生。在他十七岁的时候，晋献公的宠妃骊姬为了让自己的儿子奚齐将来能继承君位，逼死了太子申生，逼跑了公子重耳和夷吾。重耳逃到蒲城，晋献公又派寺人披前去追杀，只砍断了重耳的一只袖子，重耳逃脱了。当时追随重耳出亡的有很多是晋国著名的大夫，如狐偃、赵衰、魏武子、介之推等人。

重耳逃出蒲城，不见后面有追兵，才停下来，和跟随的人商量到哪里去，许多人一时都拿不出主意。有人主张到齐国或楚国去，认为它们是大国，可以得到庇护。重耳的舅父狐偃不同意，说：“齐国、楚国道路遥远，再说它们只指望诸侯来朝贡，不会体恤一位流亡的公子的。照我的考虑，还是到狄族那里去吧！狄族离晋国近，可以很快地到达，它们又和晋国没有什么来往，可以收留我们。我们在那里先静处待变。”重耳采纳了狐偃的建议，带着一行人来到狄族的居地，在那里住了下来。这一住就是十二年。

狄族的首领攻打另一支狄族，俘虏了两个女子叔隗和季隗，把她们献给了公子重耳。重耳娶了季隗做妻子，她生了两个儿子，伯儵和叔刘；把叔隗嫁给赵衰做妻子，她生了儿子赵盾。

在这期间，晋国又发生了内乱，晋献公死了，骊姬和一些大夫立奚齐为国君。奚齐被大夫里克杀了，又杀了他的异母弟弟卓子，准备迎接公子重耳回国为君。这时逃亡在秦国的公子夷吾在秦穆公的护送下回国做了国君，他就是晋惠公。晋惠公怕重耳与自己争夺君位，就派寺人披去刺杀重耳。

有一天，狐偃突然接到父亲狐突派人紧急送来的信，通知他们晋惠公已派遣寺人披前去刺杀重耳，要他们迅速离开狄地。重耳决定到齐国去，恋恋不舍地对季隗说：“等我二十五年，我再不回来，你就改嫁吧。”

季隗坚决地说：“我已经二十五岁了，再等你二十五年，我就进棺材了。我决不嫁人，一定等着您。”说完，急忙帮助重耳收拾行李，多带了些钱，就打发他们远行。

重耳一行朝齐国走去。半路上，携带行李和盘缠的随从感到追随重耳一路受苦，又没有什么奔头，就偷偷地跑掉了。这一下可苦了重耳他们。这一行人要到齐国，必先经过卫国，就决定到卫国去，在那里暂时休息一下，并请求卫文公给以资助。

卫文公听侍从禀报来了个逃难的晋国公子，感到重耳已在外流亡了十二年，没有再成为国君的希望；又想到晋国是个大国，收留重耳必然会招惹是非，就拒不接见，给重耳吃个闭门羹。

重耳虽然不满意卫文公，但也无计可施，只好拖着沉重的脚步往前走。一路上又饥又渴，遇到村庄，向农家讨要一些吃食。这一天他们来到卫国一个叫五鹿的地方，正是烈日当头，饥渴难忍。忽然看见远处田间有一伙农夫正围坐在大树下吃午饭，便连忙奔了过去，向他们讨要一点吃的。

其中一个农夫站了起来，斜眼瞅了瞅这帮贵族穿着的人，随手拿起身边的一个大土块，向重耳递了过来，说道：“你把这泥土拿去吧。”重耳见这农夫如此无礼，登时怒不可遏，举起手中的鞭子，就要打他一顿，狐偃急忙拦阻，劝慰重耳说：“公子息怒。这是上天赠给我们土地啊。这些农夫送给您泥土，是遵从天命，表示服从公子，这意味着得到土地就是得到国家。”

重耳压住怒火，向上天拜了几拜，接过土块，放到车上，离开了五鹿。一路上忍饥挨饿、跋山涉水，终于来到了齐国。

齐桓公听说晋国公子前来投奔，就派人前去迎进城中，给他安排了一个舒适的住处，又送来八十匹马和一些日常物品，还从家族中挑选了一个美女嫁给重耳做妻子。齐桓公对他优礼有加，时常请他赴宴。公子重耳对这里的生活很满足，每天与妻子齐姜宴饮欢乐，把回国为君的事抛到九霄云外了。

狐偃、赵衰等跟随前来的大夫认为这样下去不行，就劝告他说：“公子，您不能沉溺在安乐窝中，而丧失了归国继位的大志啊。”

重耳不在意地说：“人一生求的就是安乐，谁还能想那么多呢？我就在齐国终老一生吧。”

众大夫心知一时难以劝动公子，就打算想个办法让重耳离开齐国。正在这时齐桓公死了，齐国发生了动乱，齐孝公继承了君位，诸侯不再尊齐国为霸主。晋大夫们知道齐国无力送重耳返国，就来到桑树园中，找个僻静的树下，商量带走重耳的办法，合计完就各自准备去了。

谁想那棵桑树上正有齐姜的一个侍女在采桑叶，她完全听到了晋大夫们的谋划，以为得到了十分重要的机密，连忙跑回去向齐姜禀报。齐姜得到这一消息，怕她走漏风声，传到齐孝公耳朵里，立即把那个侍女杀了灭口。然后把重耳请来，对他说：“听说您有远大的志向，要离开齐国了，这很好，为什么不告诉我呢？”

重耳矢口否认：“听谁说的？根本没有这回事。”齐姜把侍女在桑树上听到的话原原本本地告诉了重耳。重耳一听就急了，坚决地说：“在这里住得这么舒服，我哪里也不去！”齐姜恳切地说：“公子还是离开齐国吧，那个听到谋划的侍女我已经把她杀了，您就放心地走吧。”重耳固执地说：“是贵国君主留我住在这里的，你没有权利赶我走。”

齐姜苦口婆心地说：“您为逃避晋国祸乱才来到这里，自从您离开，晋国就没有安宁的日子，百姓没有英明的国君。您不能贪恋这里舒适的日子，要有创立霸业的壮志。将来成为晋国君主的非您莫属，您可要努力啊。”

可是不论齐姜怎样良言规劝，重耳就是不听，坚决不走。齐姜见一时难以说服他，就暗中会见狐偃、赵衰等大夫，共同商讨使重耳离开齐国的办法。商量定了，各自散去。

当晚，齐姜筹办了一桌丰盛的菜肴，同重耳一起宴饮。齐姜频频劝饮，又为他歌舞助兴，一直到把重耳灌得酩酊大醉，不省人事，然后连忙去招呼狐偃等人。狐偃等人早已套好了车马，等候在门外，见齐姜一招手，就闯进屋去，七手八脚地把重耳抬到车上，驾车就跑。狐偃非常敬重齐姜有胆有识，对她说道：“公子如果即位，一定迎接您为夫人。”说完，跳上另一辆车飞驰而去。

这一行人静悄悄地走了一夜，黎明时分，重耳酒醒了，发现自己正躺在车上颠簸着，知道自己受了这伙大夫的捉弄，翻身坐起，夺过一把长戈就向他们的领头人狐偃刺去，并愤怒地说：“如果将来事情不成功，我吃了你的肉，也不解恨。”狐偃闪身躲开，跳下车去跑走了。大家劝重耳消消气，说狐偃以国事为重，完全是为公子好。重耳只好作罢，继续赶路。

晓行夜宿，不止一日，来到了曹国。曹国国君曹共公为人猥琐，目光短浅，虽然接纳了重耳，但对他不以礼相待。他听说重耳的肋骨长得很密，好像连成了一个整体，很想看看他裸体的样子。就在重耳洗澡的时候，靠近屋内的帘子偷偷观看。这是一种十分无礼的举动，曹大夫僖负羁劝共公赶快离开，曹共公瞧不起流亡的重耳，根本不听劝阻。

僖负羁的妻子听说了这件事，对丈夫说：“我看晋公子的随从都可以辅助国家，晋公子一定能返回晋国做国君，称霸于诸侯。他称霸那一天，就要惩罚那些对他无礼的国家，曹国必定是第一个。您何不早一点表示倾心于晋公子呢？”僖负羁认为妻子说得有理，就给晋公子送去一盘美味食品，里边藏着一块玉璧。重耳接受了食品，退回了玉璧，表示愿意跟他友好。在曹国期间，重耳未受优待，觉得无趣，就匆匆离开曹国，去投奔宋国。

宋襄公因为在与楚国的泓水之战中大腿受了箭伤，正卧榻养病。他的司马公孙固过去和重耳友好，就对宋襄公说："晋公子重耳很有才能，对长辈都很尊敬。他的几个随从也都慈惠忠贞，有勇有谋。您应当好好接待他们。"宋襄公虽受重伤，但称霸之心不死，很想得到晋国的援助，就赠给他们八十匹马，在宾馆里安顿下他们。

重耳和狐偃等人见宋国刚刚遭到惨败，国力大衰，虽然宋襄公对他们优礼有加，但是无力护送他们回国，只好辞别了宋襄公和公孙固，到郑国去看看情况，再做决定。

来到郑国，国君郑文公不想接待他们，大夫叔詹劝谏说："臣下听说上天所赞助的人，别人就比不了。晋公子遭受逃亡在外的忧患，而上天不让晋国安宁，大概要赞助他了；一些才智出众的人却甘愿跟随他，他必定是非凡之人。晋国和郑国地位相等，他们的子弟路过这里还应当以礼相待，何况是上天所要赞助的人呢？"郑文公不听他的劝告。叔詹就改变主意说："俗语说，种瓜得瓜，种豆得豆。您如果不想以礼相待，就杀掉重耳，以绝后患。"郑文公觉得不待之以礼也就够了，没有必要杀害重耳，就把重耳等人打发走了。

重耳决定到楚国去，楚成王用接待国君的礼仪接待他，举办盛大的宴会欢迎他，把他安排在豪华的宾馆里，派美女去侍奉他，送去美酒佳肴供他享用。并时常把重耳接进宫中，和他谈心解闷。有一天，楚成王突然问重耳："公子如果回到晋国，继承君位，将用什么报答我？"重耳摸着脑袋想了想，说道："奴隶、婢妾你都拥有了，象牙、犀革是您土地上生长的，珍珠美玉您有的是，那些散及到晋国的，都是您剩余的了，让我用什么报答您呢？"

"虽然是这样，难道您就不报答我了吗？"楚成王反问了一句。

重耳被逼问无奈，只好委婉地说："如果托您的福，我能够回到晋国为君，一定和您和睦相处。万一发生纠纷，定要开战，在中原相遇，我一定退避三舍。如果还得不到您的宽大，我就只好左手执弓，右手搭箭，和您较量一番了。"

楚成王当他随便说句玩笑话，也未介意。他旁边的令尹子玉可气炸了肺，认为重耳狂妄自大，目中无人，就请求楚王杀掉他。

楚成王不同意，向他解释说："晋公子志向远大而生活俭朴，文辞华美又合乎礼仪。他的随从都严肃而宽大，忠诚而尽力，他将来必能有所成就，我们还是不要同他结怨吧。"

◎ 春秋晚期 纹龙纹鼎

这时在秦国做人质的晋太子子圉从秦国逃了回去，秦穆公非常生气，就派使臣到楚国去迎接重耳，想护送他回晋国取得君位。楚成王拿出丰厚的礼物馈赠重耳，并派人把他送到秦国。

秦穆公用上宾之礼欢迎重耳，并把自己的女儿文嬴嫁给他。文嬴本来嫁给了公子圉，公子圉偷着跑回国了，秦穆公一气之下把她改嫁给重耳，并给他四个侍妾侍奉他。有一天，文嬴捧着盛水器具伺候重耳洗脸，他洗完后，不等文嬴递过手巾擦拭，就挥手甩水，甩了文嬴一身一脸，这是一种无礼的举动。文嬴很生气，质问道："秦、晋两国地位对等，你为什么轻视我、对我无礼？轻视我，就是轻视秦国！"重耳刚来秦国，就惹怒了夫人，有些害怕了，连忙脱去上衣，把自己囚禁起来，表示谢罪，文嬴才回嗔作喜。

不久，从晋国传来晋惠公去世的消息，太子圉继位为晋怀公，他也担心重耳回国抢夺君位，命令跟随重耳的人必须在三个月内回国，并让狐突把狐偃、狐毛两个儿子迅速叫回来，因狐突拒绝，晋怀公就把他杀了。重耳把这一情况通报给秦穆公，并请他利用这一机会派兵护送自己回国。

鲁僖公二十四年(公元前636年)正月，秦穆公亲自率兵护送重耳回国。来到黄河边上，秦穆公留在河西压阵，让公子絷带兵同重耳过河。

这时狐偃把玉璧还给重耳，说道："我驱马驾车跟随您流亡天下，罪过很多，这我都知道，请您允许我从这里走开吧。"重耳急忙制止说："我如果不和舅父一条心，让黄河之神惩罚我。"说完，把玉璧扔在黄河里，并借此机会向大家表示："各位大夫能同我共患难，我也一定同你们共享福。"

秦军渡过黄河，进入晋地，一路势如破竹，接连攻下了几座城池。晋军见重耳回国，知道大势已去，纷纷投降。重耳跟随在秦军之后，直抵都城绛，晋怀公闻讯，慌忙逃往高梁，重耳派人到高梁杀死了他。重耳登上君位，就是晋文公。

原来支持晋惠公、晋怀公的吕甥、郤芮两家害怕遭到晋文公的迫害，准备放火焚烧宫室，进而杀死晋文公。他们的密谋被寺人披探知了，他为了还能在宫廷中站住脚，就打算把这个阴谋禀告给晋文公，就前去请求进见。晋文公拒绝接见，并派人前去责备他，说："我避难蒲城，献公让你过一个晚上到达，你当天就到了。我在狄族避难，惠公派你杀我，让你三个晚上到达，你两个晚上就到了。你砍断的袖子还在呢，你赶快走开吧！"

寺人披回答说："我当年是执行国君的命令，现在您是国君，我也会忠实地执行您的命令。齐桓公不计较管仲射带钩的私仇，仍任他为国相。我现在有重要情况禀报，不然您会再一次遭遇祸难。"

晋文公立即接见了他，他就把吕、郤叛乱的阴谋揭发了。晋文公偷偷地到秦国王城躲避，吕、郤焚烧宫室后没找到晋文公，逃到黄河边上，被秦穆公骗去杀了。晋文公接夫人文嬴回国，秦穆公赠送给晋国三千卫士，都是他得力的仆人。晋文公依靠跟随自己的大夫，努力发展国力，训练士卒，想成为春秋时期的第二任霸主。

历代名家点评

俞宁世曰：晋文公一篇外传，喧寂炎凉，处处描画声色。

又曰：以"天"字作主脑，以从者作贯串，以所历之国与地作关键，以寺披、竖须作衬托，以末段作结穴。

城濮之战

◎ 僖公二十七年~二十八年（公元前633~632年）

阅读提示

城濮之战是春秋时期晋国和楚国争夺霸权的一场关键之战，最终以晋国的胜利而告终，此时的周王朝正一步步地走向衰微。

人物

狐　偃：狐偃(约公元前715年~公元前629年)，春秋时期晋国的卿。字子犯，重耳的舅父，也称舅犯(一作咎犯)。其父狐突，字伯行，为大戎狐氏(今山西交城却波村人)。

原文

夏四月戊辰，晋侯、宋公、齐国归父、崔夭、秦小子憖次于城濮①。楚师背酅而舍②，晋侯患之。听舆人之诵曰："原田每每③，舍其旧而新是谋。"公疑焉。子犯曰："战也！战而捷，必得诸侯。若其不捷，表里山河④，必无害也。"公曰："若楚惠何？"栾贞子曰："汉阳诸姬，楚实尽之。思小惠而忘大耻，不如战也。"晋侯梦与楚子搏，楚子伏己而盬其脑⑤，是以惧。子犯曰："吉。我得天⑥，楚伏其罪，吾且柔之矣！"

子玉使斗勃请战，曰："请与君之士戏，君冯轼而观之，得臣与寓目焉。"晋侯使栾枝对曰："寡君闻命矣。楚君之惠，未之敢忘，是以在此。为大夫退，其敢当君乎？既不获命矣，敢烦大夫谓二三子：'戒尔车乘⑦，敬尔君事，诘朝将见。'"

晋车七百乘，韅、靷、鞅、靽⑧。晋侯登有莘之墟以观师，曰："少长有礼，其可用也。"遂伐其木，以益其兵。

注释 <<<

①晋侯：指晋文公重耳。宋公：宋成公，襄公之子。
②背酅而舍：背靠险阻之地安营，以示决战之志。
③原田：原野。每每：青草茂盛的样子。
④山：指太行山。河：黄河。
⑤盬（gǔ）：吮吸。
⑥得天：面朝天，意思是得到天助。
⑦戒：准备。
⑧韅（xiǎn）：马背上的皮件。靷（yǐn）：马胸部的皮件。鞅（yāng）：马腹的皮件。靽（bàn）：马后的皮件。

己巳，晋师陈于莘北，胥臣以下军之佐当陈、蔡。子玉以若敖之六卒将中军，曰："今日必无晋矣。"子西将左，子上将右。胥臣蒙马以虎皮，先犯陈、蔡。陈、蔡奔，楚右师溃。狐毛设二旆而退之[9]。栾枝使舆曳柴而伪遁，楚师驰之，原轸、郤溱以中军公族横击之。狐毛、狐偃以上军夹攻子西，楚左师溃，楚师败绩，子玉收其卒而止，故不败。

晋师三日馆穀[10]，及癸酉而还。甲午，至于衡雍，作王宫于践土。

乡役之三月[11]，郑伯如楚致其师。为楚师既败而惧，使子人九行成于晋。晋栾枝入盟郑伯。五月丙午，晋侯及郑伯盟于衡雍。

丁未，献楚俘于王：驷介百乘[12]，徒兵千。郑伯傅王[13]，用平礼也。己酉，王享醴，命晋侯宥[14]。王命尹氏及王子虎、内史叔兴父策命晋侯为侯伯。赐之大辂之服，戎辂之服[15]，彤弓一，彤矢百，玈弓矢千[16]，秬鬯一卣[17]，虎贲三百人。曰："王谓叔父，敬服王命，以绥四国，纠逖王慝。"晋侯三辞，从命，曰："重耳敢再拜稽首，奉扬天子之丕显休命。"受策以出，出入三觐。

卫侯闻楚师败，惧出奔楚，遂适陈，使元咺奉叔武以受盟。癸亥，王子虎盟诸侯于王庭，要言曰："皆奖王室，无相害也。有渝此盟，明神殛之[18]，俾队其师，无克祚国，及尔玄孙，无有老幼。"君子谓是盟也信，谓晋于是役也，能以德攻。

初，楚子玉自为琼弁、玉缨，未之服也。先战，梦河神谓己曰："畀余，余赐女孟诸之麋。"弗致也。大心与子西使荣黄谏，弗听。荣季曰："死而利国，犹或为之，况琼玉乎？是粪土也，而可以济师，将何爱焉？"弗听。出告二子曰："非神败令尹，令尹其不勤民，实自败也。"既败，王使谓之曰："大夫若入，其若申、息之老何？"子西、孙伯曰："得臣将死。"二臣止之，曰："君其将以为戮。"及连穀而死。

晋侯闻之，而后喜可知也，曰："莫余毒也已！苏吕臣实为令尹，奉己而已，不在民矣[19]。"

⑨旆（pèi）：装饰有飘带的大旗。
⑩馆：驻扎，这里指住在楚国军营。穀：吃粮食，指吃楚军丢弃的军粮。
⑪乡（xiàng）：不久之前。役：指城濮之战。
⑫驷介：四马披甲。
⑬傅：主持礼节仪式。
⑭宥：同"侑"，劝酒。
⑮大辂（lù）之服：与礼车相配套的服饰仪仗。戎辂之服：乘兵车时的服饰仪仗。
⑯玈（lú）：黑色。
⑰秬鬯（jù chàng）：用黑黍米和香草酿成的香酒。卣（yǒu）：盛酒的器具。
⑱殛（jí）：惩罚。
⑲奉己：奉养自己。不在民：不为民事着想。

史纪风云

位于南方的楚国势力逐渐强大起来，根本不把周天子放在眼里，它的国君也自称为王，有与天王争衡的意思。到了楚成王晚年，他有意向北方扩展势力，先是降服了蔡、郑、许、陈四个小国，又派使臣让宋国归服，向他缴纳贡赋。宋成公认为自己是中原古国，不肯向南蛮之国屈服。楚成王为了显示大国的威力，就在鲁僖公二十七年(公元前633年)冬天率领蔡、郑、许、陈四国的军队攻打宋国，把宋国的都城包围起来。宋大夫公孙固受宋成公委派赶往晋国告急，请求派兵解围。

晋文公召集群臣商讨对策。大夫先轸说："宋国是我们的友邦，国君当年作为公子流亡在外经过宋国的时候，宋襄公对您接待很好，还赠送马匹，应当报答人家的恩惠；我们既然也效法齐桓公'尊王攘夷'，解救宋国的危难，就是我们当仁不让的责任。取得在诸侯中的威望，完成国君梦寐以求的霸业，就在此一举。应当迅速调集军马，准备出征。"

晋文公点了点头，赞同地说："先轸大夫说出了我心中的话，我是准备击破楚军，解除宋国的围困的，但是我们应当先从哪里着手呢？"

大夫狐偃坐在那里已经想了半天了，胸有成竹地说："楚国最近刚刚收服了曹国，新近又从卫国娶了妻子，两国有了婚姻关系。我们如果先去攻打曹国、卫国，楚国必定去救援，那么宋国和齐国被包围的局势自然也就解除了。"齐国在去年也受到楚国的威胁，而齐国和晋国是友好国家，所以狐偃提出一石二鸟之策。

晋文公和众大夫都认为先攻曹、卫，以解宋围是上策，就开始扩大军制，检阅兵威。晋国原来只有两个军，现在为对付强大的楚国，就又增加为三个军。晋文公又和大夫们商量三军主帅的人选。大夫赵衰说："我推荐郤縠，他有德行，讲礼仪，这是取得利益的根本。国君不妨试用一下。"

于是晋文公任命郤縠为中军主帅，让郤溱辅佐他；任命狐偃为上军主帅，狐偃认为弟弟狐毛比自己更有军事才能，让狐毛担任主帅，自己辅佐他；任命栾枝为下军主帅，让先轸辅佐他；任命赵衰为正卿，负责辎重粮秣供应。晋文公亲自担任三军的总指挥，让大夫荀林父为自己驾驭战车，让力大勇猛的魏武子担任车右。

第二年春天，一切准备就绪，就先攻打曹国、卫国，这两个小国不堪一击，迅速被占领了。赶跑了卫成公，俘虏了曹共公。

楚国曾派兵去救援卫国，但是没有取胜。晋文公连占两国，军威大壮，就派使臣前往楚军，请求楚军主帅子玉解除对宋国的包围。子玉是一个骄横狂妄的人，根本不答应，说是一定要灭了宋国，不仅不撤兵，还加紧攻打，宋国岌岌可危。

宋成公又一次派使臣赶往晋军中报告紧急情况。晋文公召集阵前会议，研究对付楚军的办法，说道："宋国又来告急，我们该怎么办？我们原来以为攻打曹、卫两国，楚军自退，可他们现在非要攻破宋国不可。我们想作战，可是我们的盟国齐国、秦国不同意，他们怕因此挑起诸侯间的大战，你们说说我们该采取什么对策？"

先轸出主意说："让宋国撇开我国，直接给齐国、秦国馈送厚重的财礼，让他们两国去请求楚国解除对宋国的包围。我们再把曹国、卫国的田地划给宋国，而楚国与曹、卫两国亲近，一定不答应齐、秦两国的请求。齐、秦两国接受了宋国厚重的财礼，必然对楚国的固执生气，这场战争还能不打起来吗？"

楚成王见晋、秦、齐三国本来就国力雄厚，现在又联合起来要求自己退兵，就带领自己亲自统率的军队撤到方城，又让子玉撤离宋国，解除包围，命人告诉他说："千万不要和晋国的军队交锋，他们很强大。晋文公流亡在外十九年，什么艰难险阻都尝过了，民情的真伪也都知道了。他回到晋国后，就用道义教导百姓，使百姓安于生计，又让百姓讲求信用，百姓做买卖就不贪图暴利，公平交易。他安定了周天子的君位，赶走了作乱的狄人。这样的人能一下子战败他吗？兵法上说'适可而止'，又说'知难而退'，还说'有德的人不能抵挡'，你还是尽快撤兵吧。"

◎ 西周时期 凤鸟纹卣

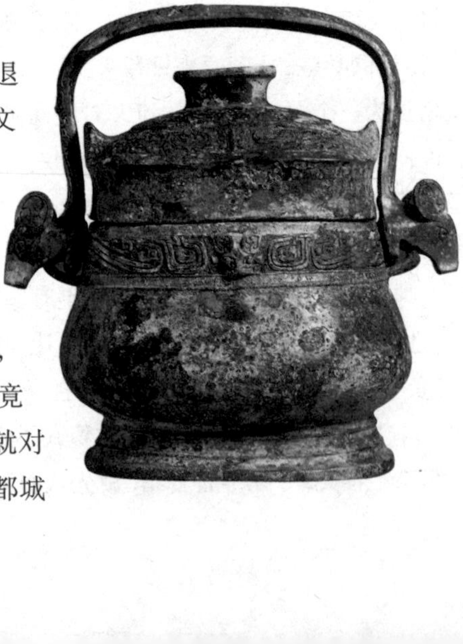

子玉接到楚成王的命令，并不想马上退兵，他要教训一下晋文公。他想起了当年晋文公流亡到楚国时，表现出的野心勃勃和桀骜不驯。当楚成王问他假若晋楚两军相遇，他采取什么态度，他竟敢说那就尽管交锋，只是可以"退避三舍"（退让九十里，一舍等于三十里）。当时子玉听了这些话，就要楚成王杀了他，以绝后患。现在楚成王竟让自己避开这个家伙，他怎么能够甘心呢？就对将士们说："只要你们拼力杀敌，攻破宋国都城指日可待，怎么能现在退兵呢?这不是功亏一篑吗?”

于是子玉一面派兵加紧攻打宋国，一面派人向楚成王请求不要让他撤军，并要求给他派来增援部队：“请君王允许我击破宋国再收兵，我想和晋文公较量一下，打落他的嚣张气焰，让他以后不敢藐视楚国。”子玉之所以不肯撤军，还有他的私心，他想借此机会显示一下自己的才能，以堵住那些攻击他的人的嘴巴。楚成王在准备包围宋国的时候，令尹(相当于相国)子文推荐子玉为主将，大夫芳贾批评子文，说他把大权交给子玉是错误的，子玉刚愎而无礼，不能让他治理百姓，他若是率领三百辆兵车，恐怕出征就不能回来了。如果子玉作战失败，就是由于您的推举。子玉想到这些，就非要争这一口气。

楚成王听子玉不仅不肯马上收兵，反而要求增加部队，非常生气。但是他平静下来，仔细一想，觉得子玉不退兵也有他的道理。他也不希望晋国称霸中原，妨碍自己北进，于是就给子玉派去了一百八十辆战车、一万三千五百个甲士和步卒。

子玉补充了生力军，又对宋国发起了猛攻，却久攻不下。于是他改变了策略，想私下和晋文公和解，为自己撤围挽回一些面子，就派大夫宛春到晋军中会见晋文公说：“请贵君恢复卫成公的君位，退还曹国的田地，我就解除对宋国的包围。望贵君三思。”

春秋战国 玉透雕龙纹璧

狐偃对晋文公说：“子玉这小子也太无礼了。您是国君，他给您的条件仅是解除围宋一项，他要求您的却是复卫封曹两项，决不能答应。机不可失，必须和他交战。”

先轸说：“先答应他，让他缓攻宋国。现在子玉一句话而安定了宋、卫、曹三国，我们不答应就会使它们灭亡。这样一来，树敌就多了。不如私下派人告诉卫国、曹国君主，晋国准备恢复他们的君位，来离间他们和楚国的关系。再把宛春扣留起来以激怒子玉，子玉必率军攻我，宋围自解。”

晋文公认为此计可行，就在卫国找了个地方把宛春囚禁起来。曹、卫两国得到晋使的通知，就宣布和楚国绝交。这时郑文公也派人召回了自己的军队。郑国原来迫于楚国的压力，派军队随楚军助战，后来看曹、卫接连被击破，子玉又久战不胜，怕晋国也来进攻自已，就派使臣到晋军中会见晋文公，和晋国媾和。晋文公也不愿树敌过多，一拍即合，双方订立了盟约。

子玉听到这一消息，大发雷霆，认为曹、卫、郑三国变心全是晋文公蛊惑的。扣留使臣，更是岂有此理。立即传下命令，把军队全从宋国都城撤下来，会集齐整，准备与晋军决一死战。

◎ 玉器

子玉让士兵摇旗呐喊，大张声势，向晋军杀来。晋军个个立功心切，斗志旺盛，早就在等这一天了，只盼国君下令，就冲上前去。晋文公看到楚军的前锋已经逼近，却下命令说："全军撤退，不准接战！"

将士们你看看我，我看看你，全都迷惑不解，战前鼓励我们杀敌，临阵又让我们撤退，这是为什么呢？是不是国君看楚军来势汹汹，有些胆怯了呢？一个军吏走上前来，大着胆子问道："您是国君，子玉是臣下，以国君而躲避臣下，这是耻辱啊！再说楚军长期在外，已经衰弱疲惫了，正好趁此机会一举歼灭他们，为什么不进攻，反而命令我们撤退呢？"

狐偃对将士们解释说："出兵作战，理直气就壮，理曲气就衰，并不在于在外边时间的长短。当年楚成王对我们国君有过恩惠，曾答应他如果两军交战，我们要退避三舍，以此作为报答。背弃恩惠，说话不算数，我们就理曲，楚国就理直。如果我们退却，他们还追赶，这是国君后退，臣下进犯，楚国就理曲了。那时我们回师反击，也就理直气壮。再说，楚军连年征战，已经灭了周边的不少国家，有丰富的作战经验。他们的主帅子玉已被我们激怒了，正憋着一肚子气，而兵卒士气正饱满，并未衰竭，万万不可掉以轻心。我们后退，正是要观察一下楚军的虚实，以利于采取正确的对策。这并非我们国君胆怯。"

狐偃这一席话，说得有条有理，对敌我双方分析得十分透彻，将士们也都心服口服。在狐偃的指挥下，晋军很有秩序地撤退，队列一点也不凌乱。子玉尾随在后，命士兵紧追不舍。晋军一连退了九十里，实现了"退避三舍"的诺言，就在卫国的一个小城镇城濮驻扎下来，严阵以待。

楚军将士见晋军退了九十里也不交战，怕晋文公有什么阴谋，就建议子玉停下来，不必再追了："晋军被我们吓得直跑，您脸上也够光彩的了，我们就此收兵而回吧。"

子玉坚决不同意，说道："我们正应乘胜进击，溃败之兵焉有不追之理？"

这时晋文公、宋成公、齐国派来领兵的大夫、秦穆公的儿子都聚集到城濮，共同讨论作战方案，研究对付子玉的方法。

子玉来到阵前，见晋、宋、齐、秦四国的军队军容整肃，未敢轻举妄动，就选择了一个背靠丘陵的险要地方，深沟高垒，安下营来。

晋文公看到子玉靠山扎营，易守难攻，有些担心。狐偃鼓励他说："国君出战吧!战而获胜，诸侯就都归服您；万一战而不胜，我国外有黄河，内有高山，回去退守对我们也没有什么害处。"

"可是我们怎么对待楚国曾给予的恩惠啊?"晋文公有些犹豫不决。

下军主帅栾枝说："汉水以北和您同族的姬姓诸国，都被楚国吞并光了，不能老想着小恩小惠，而忘了奇耻大辱，还是下令出战吧!"

晋文公又讲述自己昨夜所做的一个梦："我梦见和楚成王搏斗，成王伏在我身上，还吞吃我的脑子。这个梦令我害怕，不知是什么意思?"

狐偃替他圆梦说："大吉大利。国君您面朝天，那是得到上天的支持；楚王面朝地，说明他已伏罪。"

晋文公不再怀疑犹豫，令部下做好出战的准备。子玉扎好营，派大夫斗勃到晋军请战："请和国君的斗士作一番角力游戏，臣下将陪国君一同观看。"

晋文公派栾枝前去回答："敝国国君听懂了你们挑战的意思。楚君的恩惠不敢忘记，所以退避三舍。您作为臣下，竟敢抵抗国君吗?既然您不肯退兵，您就通知您的部下，做好准备，明天早晨相见吧!"

晋国摆开了七百辆战车，晋文公登上一座废墟的城墙检阅军容，年少的和年长的排列有序，纪律严明，就说："可以决战了。"他又命令士兵砍伐山上的树木，以增加武器。

第二天，天刚黎明，晋大夫胥臣统率下军抵挡陈国、蔡国的军队，他们属于楚国的右军，右军由斗勃统帅。胥臣在头一天夜里就让士兵给战马蒙上老虎皮，一声令下，凶猛地冲杀出来。陈军、蔡军从未见过这种阵势，被战车冲得七零八落，掉头奔逃，楚军的右翼部队全线溃败。狐毛派出前军的两队乘胜追杀溃散的楚军。栾枝让统率的下军战车后面都捆上树枝柴草，假装战败逃跑，扬起一路灰尘，弥漫天际，楚军以为晋军溃逃，急忙出动大军追击。原轸、郤溱率领中军的禁卫军从半路上杀出，拦腰截击楚军，栾枝又掉转车头回身杀过来，楚军遭到突然袭击，被打得晕头转向，马踏车碾，尸横遍野。狐毛、狐偃弟兄二人统上军，从两面夹击楚将子西率领的左军，战鼓震天，杀声遏云，攻势十分凌厉。子西早已慌了手脚、乱了阵势，楚军的左翼部队也全线溃散，逃跑的士兵互相碰撞，死伤无数。子玉统率新补充的一百八十辆战车及步卒作为中军，他压住阵脚，见两翼部队全部溃败逃散，急令鸣金收兵，退回营内，坚壁严守，才未全军覆没，侥幸保住了性命。当夜，子玉悄悄地拔营起寨，偷偷地撤离战场，轻装回国去了，扔下了大批的辎重、粮秣。

晋军休整了三天，吃楚军留下的粮食，用他们的粮草喂马。然后押着俘虏和缴获的大量物品，敲着得胜鼓，举着得胜旗，威威武武地回国去了。

城濮之战是春秋时期最大的一次战役，以晋胜楚败而告终，从此奠定了晋文公霸主的地位。

晋文公带着缴获的胜利品——一百辆战车，一千名步卒，向周天子献俘。周天子用最隆重的礼仪接待他，让太宰和内史用诏书向天下颁布，命晋文公为诸侯的领袖，并赏赐给他天子乘坐的车辆以及相应的服装和仪仗，郑重地说道："你今后要恭敬地服从天子的命令，以安抚四方的诸侯，惩治王朝的邪恶。"晋文公叩头谢恩，恭敬地接受了诏书和赠品，风风光光地离开王都，回国去了。

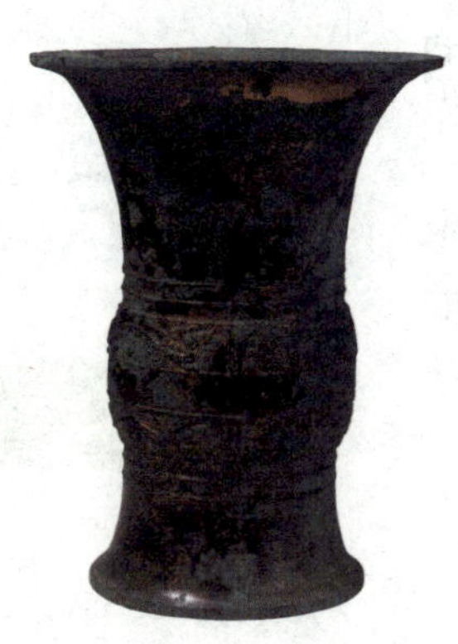

子玉来到楚国边境，没有敢回方城见楚成王。楚成王派人责备子玉说："楚国的子弟大多伤亡了，你回来怎么向楚国的父老交代呢？"斗勃向来人说："子玉早想自杀，是我们阻止了他。我们告诉他，君王还要杀死你呢。"当夜，子玉翻来覆去难以成眠，深感无颜见君王，也无颜见楚国父老，就拔剑自刎了。

楚成王反复思考，觉得让子玉独当一面，自己也有责任，派使臣去制止子玉自杀，但是已经晚了。斗勃正上吊，而绳子断了。恰好使臣赶到，斗勃被免去一死。

这年冬天，晋文公召集鲁、齐、宋、蔡、郑、陈、莒、邾、秦等国国君在晋国会盟，商量攻打不顺服的国家。晋文公的霸主地位得到了诸侯们的承认。

历代名家点评

林云铭曰：篇中写子玉处，只是粗莽；写文公处，只是谨慎；写原轸、子犯处，只是机变。至写两国交战处，觉楚之三军，各自为部，可以惊而退，可以诱而进；而晋之三军，如一身指臂，彼此相互接应，有常山首尾之形。成败之势自见。至晋文之谲，在致楚上断，私复曹卫、执宛春二事而已。与蒙马等无涉，不可不辨。

烛之武退秦师

◎ 僖公三十年（公元前630年）

阅读提示

秦晋围郑发生在公元前630年。此前，郑国有两件事得罪了晋国：其一，晋文公重耳当年逃亡路过郑国时，郑国没有以礼相待；其二，晋楚城濮之战中，郑国出兵帮的是楚国，而此役以楚国的失败而告终。

人物

秦穆公：春秋时代秦国的国君。嬴姓，名任好。在部分史料中被认定为“春秋五霸”之一。

烛之武：郑文公时大夫。晋秦两国前去攻打郑国，烛之武到了秦军的大营哭起秦军来，说晋国灭掉郑国后，一定会再找机会攻打秦国。晋秦两国均信以为真，先后退兵回国。

原文

九月甲午，晋侯、秦伯围郑，以其无礼于晋，且贰于楚也[1]。晋军函陵，秦军氾南。佚之狐言于郑伯曰：“国危矣，若使烛之武见秦君，师必退[2]。”公从之。辞曰：“臣之壮也，犹不如人，今老矣，无能为也已。”公曰：“吾不能早用子，今急而求子，是寡人之过也。然郑亡，子亦有不利焉。”许之。

夜，缒而出[3]，见秦伯曰：“秦、晋围郑，郑既知亡矣。若亡郑而有益于君，敢以烦执事。越国以鄙远，君知其难也，焉用亡郑以倍邻？邻之厚，君之薄也。若舍郑以为东道主，行李之往来[4]，共其乏困，君亦无所害。且君尝为晋君赐矣，许君焦、

注释<<<

①甲午：九月十日。无礼于晋：指晋文公重耳流亡经过郑国时，郑文公未以礼相待。

②佚之狐、烛之武：郑国大夫。

③缒（zhuì）：用绳子吊着重物。这里指把烛之武从城墙上吊下去。出：指出郑国都城。

瑕，朝济而夕设版焉，君之所知也。夫晋，何厌之有？既东封郑[5]，又欲肆其西封，若不阙秦，将焉取之？阙[6]秦以利晋，唯君图之。”秦伯说，与郑人盟，使杞子、逢孙、扬孙戍之，乃还[7]。

子犯请击之。公曰：“不可。微夫人之力不及此。因人之力而敝之，不仁；失其所与，不知；以乱易整，不武。吾其还也。”亦去之。

④东道主：东行路上的主人，秦有事东行，可以受其款待。行李：使者，外交官员。
⑤封：疆界。
⑥阙：损害。
⑦杞（qǐ）子、逢（píng）孙、扬孙：三人都是秦国大夫。戍：驻守。

史纪风云

晋文公在城濮之战中大获全胜，也在诸侯中大树权威，并召集中原诸侯到自己的国家温地会盟，一致同意征讨不顺服的国家。在这次会盟之前，晋文公也派使臣到许国，邀请许僖公参加。许国位于宋、陈、郑、蔡诸国之间，慑于楚国的压力，许僖公不敢得罪楚国，就找了个借口，说国内不够安定，他不敢轻易离开国家，就没有参加中原诸侯的联盟。这一下可惹恼了晋文公，他借题发挥，说道：“小小的许国，竟敢借故不来，他眼中还有各位诸侯吗？你们说说，这样的国家能不教训教训吗？”

有几个和晋国关系亲近的诸侯，就随声附和说：“像许僖公这样的诸侯，要不教训他一下，那还得了吗？您以后再发号施令就没人听了。”

也有几个关系疏远的诸侯，本来与楚国亲近，但慑于晋国的威力，不得不来参加会盟，所以对待许国的态度也暧昧，就不置可否，一言不发。晋文公对这些诸侯的心理也心明镜似的，不强求他们表态，就说：“既然各位都同意教训一下许僖公，我们就发兵包围许国，让他们知道中原诸侯联盟的厉害也就算了。有国内政务须要处理的，就回国处理，愿意跟随本君前往的，就请率军到许国边境会齐。”

许僖公知道不去参加诸侯会盟会惹来麻烦，就在城内积贮粮草，加强防御工事，以待来犯之敌。

这一年十一月，晋文公率领诸侯的军队包围了许国。晋军是这次围许的主力军，其他诸侯的军队仅是应名而已。而晋军在一年之中多次征战，没有得到很好的休息，士兵十分疲劳，有些老弱

兵卒已经病倒了。包围许国又久攻不下，兵士中产生了厌战情绪。许僖公也承受不住长期的包围，就派使臣到晋军中向晋文公谢罪："敝国国君当时确因国内有事，没有参加温地的会盟，深表抱歉。下次再有会盟，敝国定当参加。"

晋文公认为这是个很好的台阶，便就坡下驴，对许使说："贵君再敢藐视本君，定不饶恕。"说完便撤军回国了。

在晋、楚城濮之战以前，晋文公攻占了曹国，俘虏了曹共公，当年流亡时所受的侮辱已经报复了。后来曹共公表示愿意同楚国断绝关系，亲附晋国，被恢复了君位。同时，为了试探许国的诚意，晋国提出在许国举行有曹共公参加的诸侯会盟。这次许僖公不敢再依附楚国，爽快地答应了。以晋文公为首的中原联盟，又加入了新成员，势力更加强大了。

第二年(公元前630年)夏天，晋文公为了加强联盟之间的联系，就组织晋、鲁、宋、齐、陈、秦等几个势力强大的国家的大夫和周天子派出的代表，在王都洛阳城外的翟泉召开盟会，重温当年的盟约，并策划攻打郑国。因为郑国不参加盟会，而且有重新倾向楚国的表现。会上一致决定，寻找合适的时机和正当的理由，出兵攻打郑国，让它再回到中原联盟中。

◎ 青铜鼎

又过了一年，到了夏天，晋国经过养精蓄锐，力量大增，晋文公派兵去攻打郑国，以试探一下郑国的实力，看看是否能一举攻占它，同时也试探一下楚国的态度，看看它是否出兵相助。理由就是晋文公当年还是公子的时候，流亡到郑国，郑文公把他拒于国门之外，根本不接待他；在城濮之战前，郑文公又追随楚国派兵助战，参加对宋国的包围；后来虽然同晋国订立盟约，撤兵回国，但不久就毁弃盟约，根本不参与联盟的活动；现在竟公开地背离晋国，投靠楚国。晋文公就以这些堂皇的理由为借口，发兵包围了郑国的都城。

正在这时，狄人利用晋国围郑的机会，认为他们无力分兵，就出动军队进攻齐国。齐昭公连忙派使臣送信向晋国求救。晋文公读完了信，知道齐国情况危急，感到自己是诸侯的霸主，有责任保护盟国的安全，也有驱逐夷族、安定中原的义务，同时认为警告郑国的目的已经达到，也不再等郑国表示屈服，就从郑国撤离，直接去攻打狄人，以解齐国之危。

狄人正要对齐国发起猛攻，忽然有哨兵前来报告："晋国已解除对郑国的包围，正派兵向齐国开来。"狄人头领闻讯大吃一惊。狄人曾多次同晋军交锋，都以失败告终，知道晋军的厉害，不敢抵抗，就从齐国撤兵而回。

晋军得到这一消息，也从半路上收兵回国。

这一年秋天，晋国又准备攻打郑国，因为晋文公又找到了一个更为重要的理由。

郑文公有三位夫人，他所宠爱的儿子有五个，这些儿子都想争夺太子的位置，平时又放浪形骸，行为不端，互相攻讦。郑文公一怒之下，把所有的公子都赶走了。公子子兰逃亡到晋国，晋文公收留了他。

子兰聪明伶俐，谦虚懂事，很会处理事情，服侍晋文公特别恭谨有礼，因而得到了晋文公的喜爱。有一天晋文公召来子兰，询问他有关郑国的各种情况，子兰都一一作答，显得十分诚恳，最后说道："我的君父眼光短浅，又深受楚成王的蛊惑，投向了楚国而对您无礼，屡次叛离，多有得罪。如果您能帮助我回到郑国立为太子，我继承君位之后，一定与晋国结成联盟，永远亲善和睦，坚决断绝与楚国的关系，完全听从您的命令。"

晋文公听到这里，一阵喜悦涌上心头，认为又得到了一个攻伐郑国的理由，就一口答应说："我一定护送你回国，让郑文公立你为太子。你为人忠诚，老实厚道，我怎么会不帮助你呢?"

于是晋文公调动人马，筹集粮秣，准备约会中原诸侯，一起攻打郑国，护送子兰回国。大夫狐偃建议说："近几年国君多次会合诸侯，这些国家年年兵马劳顿，虽然嘴里不敢说，但心中有怨情。依臣下看还是不必劳动他们了。"

晋文公想了想说："好吧，那么我们只约会秦国吧。"

春秋时期 虎形马镳

狐偃又谏阻说："对付一个郑国，我们的兵力足够了，何必让秦国参加呢?再说，有秦国护送子兰回国，功劳他们就分去了一半，子兰也感谢他们，以后就会听命于他们。"

晋文公向他解释说："秦国是我们的友好邻邦，又多次帮助我们，而且我曾同秦穆公约定，有对外的事情要双方共同行动，怎么可以撇开他们呢?再说，虽然我们一国完全可以击败郑国，但是有秦军的加入，会大大增加威慑力量。"

狐偃不再说什么了，晋文公就派使臣前往秦国，约秦穆公共同出兵攻郑。

九月初十，晋文公率领狐偃、先轸等指挥晋军，秦穆公率领杞子、逢孙、扬孙等指挥秦军，一举攻入郑国，包围了郑国的都城。晋军驻扎在郑城西边的函陵，秦军驻扎在郑城东边的泛南，两地距离很近。

子兰见晋文公出兵攻打郑国，要护送自己回国，心中十分高兴，就跟随晋军一齐出发。到了晋国的东部边界，子兰对晋文公说："我是臣子，参加围攻本国，进犯君父，恐怕于礼不合，我还是不进入郑国为是，以免给人留下口实，不利于我立为公子，更不利于我以后继承君位。"

"公子考虑得深远。"晋文公答应了子兰的请求，"公子就留在我国的东部边界内，在那里等候我的捷音。到时候就派人接你回国。"

再说郑文公，他见秦、晋两国国君亲率大军前来攻打，已经把都城围得铁桶似的，心下就慌了，忙召集群臣商议对策。大夫佚之狐不慌不忙地说："国家现在确实是危险了，有两个大国夹攻我们，恐怕我们要招架不住。要是能有人去会见秦穆公，向他游说，讲清两国的利害关系，臣下想能说动秦军退兵。"

"派谁去合适呢?"郑文公迫不及待地问，"可要找一个有才能的人呀。"

佚之狐回答说："臣下认为大夫烛之武是最合适的人选。他通晓天下大事，又极善于辞令，有很高的外交才能。臣下推荐他。"

郑文公犹豫地说："烛之武年事已高，已经回家休息，有好几年都不进朝议事，派他去能行吗?"

"烛之武一向关心国家大事，对我们的国家很热爱，他去准行。"

郑文公听从了佚之狐的建议，就派他去请烛之武进朝议事。烛之武拖着沉重的脚步，颤微微地走进朝堂，艰难地行过参拜大礼，郑文公急忙给他赐坐。烛之武慢悠悠地说："不知国君召老臣有什么事，老臣已安于在家中闲居，多年不问朝政了。"

郑文公再请烛之武

郑文公直截了当地说："秦、晋两国正围攻我们，想您一定早有耳闻。想请您前往说服秦穆公退兵，那就是我们郑国的大幸了。国家的安危全维系在您身上了。"

烛之武推辞说："老臣年富力强的时候，尚且不如别人，国君也没让老臣做什么大事；现在已经老了，就更难为国君尽力了。"

郑文公听烛之武话中有话，是不满自己从前没有看重他，就连忙检讨："我没及早发现您的才能而加以重用，现在国家危急了才来求您，这是我的过错。请您看在先君的面上，看在不使郑国百姓遭受战乱之苦的份上，请您千万去辛苦一趟。再说，郑国灭亡了，对您也不利呀！”

烛之武是一个以国家、百姓利益为重的人，又见郑文公真诚地恳求自己，就不再推辞，答应夜间出城。

夜色漆黑，伸手不见五指，城内城外一片寂静，也不见秦军有什么动静。佚之狐陪着烛之武来到东边城墙，让士兵用粗绳拴住烛之武的腰，从城头上吊下去。烛之武望望城下，黑洞洞的，却毫无恐惧之感。上面慢慢往下放绳子，他手扶着城墙，安全地落到地面。

烛之武乘着夜色，静悄悄地摸到秦军的营寨，被巡逻的哨兵抓住，把他当做奸细，要送往将官那里处置。烛之武忙亮出了自己的身份，说是有重要的事情要会见秦穆公。哨兵通报给将官，将官就把他押送到秦穆公的营帐。

秦穆公见进来个老头，须发皆白，骨瘦如柴，但精神矍铄，两眼炯炯有神，感到很奇怪，问道：“你是什么人？深夜到我的军营，有什么事情？该不是奸细，来探听我军虚实的吧？若不从实说来，就把你处死！”

烛之武一点也不惊惶，慢条斯理地说：“臣下是郑国的大夫烛之武，奉鄙国国君之命，前来贵军拜见国君，有重要的话要说。”

秦穆公说：“郑国亡在旦夕，还有什么话可说？你回去告诉郑文公，早早开门献城，可使生灵免遭涂炭，也可免郑文公不死，叫他快点投降。”

烛之武说：“秦、晋两国包围了我们郑国，郑国已经知道自己就要灭亡了。秦国劳师动众教训我们，可是好处全让晋国占去，您划得来吗？”

“这话什么意思？”

“秦国的东边是晋国，晋国的东边才是郑国。您灭亡了郑国，分到一些土地，却要越过晋国去管理，以远方的地盘作为您的边邑，您知道那是很困难的。哪里用得着灭亡郑国来为晋国增加土地？加强了邻国，就是削弱了自家，您仔细想想其中的利害得失吧。”

“我们不能白来一趟，总得答应我们一些什么吧。”秦穆公被烛之武的话打动了，觉得这次确实是出师无利，就退让了一步，提出新的要求。

烛之武十分诚恳地说："国君要是解除对郑国的包围，敝国国君答应归附秦国，断绝跟楚国的一切来往。让郑国给贵国做一个通往东方路上的接待人，贵国使臣来来往往，全由郑国供应馆舍、食品、财物，这对您该有多大的好处呀。"

秦穆公听了默不作声，陷入了沉思。烛之武见述之以害、动之以利起了作用，就又进一步讲述当年晋国的背信弃义："您很讲仁德信义，当年您送公子夷吾回国，把他立为晋惠公，他答应把焦城、瑕城送给您表示感谢，可是他早晨渡过黄河回国，晚上就在这两个地方筑起高高的城墙，全不信守诺言。这是您亲身经历过的事情，我想您还是记忆犹新的。"

秦穆公有些被打动了，做出宽宏大度的样子说道："我行的是道义，不计较小人的这些事情。"

烛之武马上接上去说："可是晋国的贪心哪有满足的时候?他们今天在东边向郑国开疆扩土，明天就会放纵其贪欲，向西边拓展它的疆界。它要是不损害秦国，将到哪里去取得土地?秦国遭到损害，只能对晋国有利。还是请君王好好掂量掂量吧。"

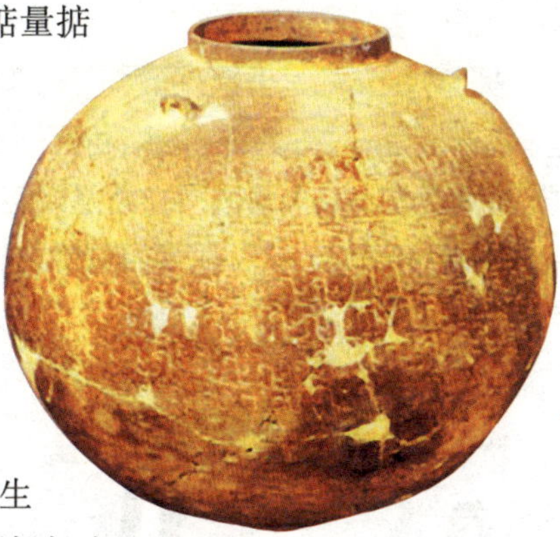

烛之武这番话最后说服了秦穆公，秦穆公十分高兴，决定不去攻占郑国，和烛之武歃血为盟，留下将军杞子、逢孙、扬孙带领少数军队在郑国戍守，然后就解围撤退，连夜回国去了。

东方日出，天已大亮，秦军的阵地却不见了大队人马。晋军将士听说秦军不告而别都非常生气，纷纷请求去攻击秦军，以解心头之恨。狐偃怒气冲冲地去见晋文公，说道："秦穆公背信弃义，太不像话，明明是两国约好共同进兵，他却釜底抽薪不辞而别，这哪里还有盟国的样子?让我们先去打垮杞子留守的部队，让秦穆公不敢轻视我们。"

春秋时期 陶瓮

晋文公安抚狐偃说："不要去攻击秦军了。您知道，如果没有秦穆公的帮助，我不能回国立为国君，我们晋国也不能称雄于诸侯。靠了人家的力量反而去损害人家，这是不仁；失掉了同盟国家，这是不智。我看我们也明智一些，撤兵而回吧。"

狐偃劝阻说："我们轰轰烈烈地来了，怎么能这么灰溜溜地走?

晋国以后还怎么对诸侯发号施令?”

“别着急,我说的撤军是有条件的。我答应子兰把他送回国立为太子,我一定要郑文公接受这个条件,然后咱们再体面地撤军。”

晋文公向郑国提出了这个条件,郑文公起初有些犹豫,郑国大夫都劝他说:“在众公子中没有比子兰更贤明的了。现在晋国请求立他为太子,送晋国个人情,包围自解,对郑国很有好处。”郑文公迫于兵临城下的压力,就答应立子兰为太子,迎进城中。又和晋国签订了合约,晋文公才撤军回国。

晋文公听说是烛之武这个老头子说服了秦穆公,对烛之武恨得咬牙切齿,但也无可奈何了。

历代名家点评

冯梦龙:烛之武,考城人,是三朝老臣,但始终得不到升官,在郑国一直担任“圉正”(养马的长官),大概相当于《西游记》里所说的“弼马温”吧。被举荐使秦时,已年过七十,须发皆白,身子伛偻,步履蹒跚。

吴楚材曰:郑近于晋,而远于秦。秦得郑而晋收之,势必至者。越国鄙远,亡郑陪邻,阙秦利晋,俱为至理。古今破同事之国,多用此说。篇中前段写亡郑乃以陪晋,后段写亡郑即以亡秦,中间引晋背秦一证,思毛骨俱竦。宜乎秦伯之不但去郑,而且戍郑也。

◎ 春秋中期 蟠龙纹编钟

蹇叔哭师

◎ 僖公三十二年（公元前628年）

阅读提示

蹇叔的远见卓识与忠心耿耿，秦穆公的刚愎自用和勇于改过，弦高的机智爱国，先轸的果断善战，都在文中一一展现，其人物生动、形象地展现在人们的眼前。

人物

蹇　叔：春秋时秦国大夫。有贤名，为百里奚所推荐，秦穆公任为上大夫。

弦　高：郑国的一位行商，经常来往于各国之间做生意。

原文

冬，晋文公卒。庚辰，将殡于曲沃①。出绛，柩有声如牛②。卜偃使大夫拜③，曰："君命大事：将有西师过轶我，击之，必大捷焉。"

杞子自郑使告于秦曰④："郑人使我掌其北门之管，若潜师以来⑤，国可得也。"穆公访诸蹇叔，蹇叔曰："劳师以袭远，非所闻也。师劳力竭，远主备之，无乃不可乎！师知所为，郑必知之；勤而无所⑥，必有悖心⑦。且行千里，其谁不知？"公辞焉。召孟明、西乞、白乙，使出师于东门之外。蹇叔哭之曰："孟子，吾见师之出而不见其人也。"公使谓之曰："尔何知？中寿⑧，尔墓之木拱矣。"蹇叔之子与师，哭而送之曰："晋人御师必于殽⑨，殽有二陵焉，其南陵，夏后皋之墓也；其北陵，文王之所辟风雨也。必死是间，余收尔骨焉。"秦师遂东。

注释 <<<

①殡：人死入殓而为葬称殡。
②柩（jiù）：装有尸体的棺材。
③卜偃：掌管晋国卜筮的官员，姓郭，名偃。
④杞子：秦国大夫。
⑤潜：秘密地。
⑥勤：劳苦。无所：一无所得。所，处所。
⑦悖（bèi）心：违逆之心，反感。
⑧中（zhònɡ）寿：满寿，年寿满了。
⑨殽（xiáo）：山名，在今河南洛宁西北。

史纪风云

鲁僖公三十二年(公元前628年)夏天，郑文公死了，公子子兰继承了君位，他就是郑穆公。这一年冬天，晋文公也死了，停柩待葬，全国臣民都穿上了孝服，准备为国君发丧。

郑、晋两国国君相继死亡的消息传到秦国，秦穆公按捺不住心头的欣喜，认为自己当霸主的机会来了，就召集群臣商讨称霸的具体对策。

青年将领孟明视长得十分魁伟，虎虎有生气，抢先说："我们秦国虽然地处西北，可是这些年我们灭掉了周围十几个小国，地盘大了，人口多了，国力也增强了，难道我们还能偏居一角吗?我们要冲进中原，令诸侯们刮目相看。"

"说得对!"西乞器宇轩昂地说，"晋文公靠国君扶持，称霸多年，耍尽了威风。本来这霸主是您的，可您总是以仁爱之心让着他。这回晋文公死了，该轮到我们秦国了。"

另一个青年将领白乙站起来，激动地说："我们要想称霸中原，头一个进攻的对象就是郑国。郑国派了个糟老头子烛之武，花言巧语地让我们退了兵，回过头来就和晋国结成联盟。现在郑国的新君郑穆公是晋文公帮助立为太子的，更是一心向着晋国，唯命是从。对于这种朝三暮四的国家，只有灭掉它才能使追随者受到警戒。"

这些青年将领的讲话，秦穆公都有同感，每个人说到关键的地方，他都点头表示赞许，鼓励他们说下去。最后秦穆公总结似的说："现在中原缺少霸主，这个霸主当然就是我。人家总说我们开化晚，现在我们要后来居上了。各位都回去操练人马，准备粮草，只要听到我一声令下，你们就全线出击。"

正在秦国积极准备兵发中原的时候，戍守在郑国的秦将杞子派人送来了重要的情报："郑国人让我掌管他们北门的钥匙，您要是偷偷地发兵前来，我们在城里做内应，来个突然袭击，郑国就是我们的了。"

秦穆公认为有利的时机来了，就想马上向郑国发兵。但他又转念一想，事关重大，不能马虎从事，要多找些人问问，同时也向这些人宣传伐郑的好处，这样才能上下一心，步调一致。于是他就屈驾前往蹇叔家征求意见。

蹇叔是秦国的老臣，有远见，有智谋，洞察幽微，经验丰富，很受秦国臣民尊敬。因他年老体衰，秦穆公允许他没有重要的事情可以不上朝议事。秦穆公这次也没有召他上朝，而是自己亲自登门讨教，说道："现在郑国旧君刚刚死去，新君即位不久，国内还没有完全安定，我想偷袭郑国，打他个措手不及，郑国可就是咱们的天下了。再以那里为根据地，向四方出击，不愁诸侯不听命于我。不知您以为如何？"

蹇叔想也没想，就干脆地说："不行！劳师动众，去袭击远方的郑国，这不合适。我听说过，偷袭别的国家，利用战车，不超过一百里；靠步行，不超过三十里，这样士兵才能具有充足的精力、旺盛的斗志。现在要走一千多里，还要经过一些诸侯的国家，去袭击一个远方之国，我不知道怎么能办得到。军队疲劳，力量衰竭，那时再发动进攻，恐怕不行吧？因为路途遥远，我们军队的所作所为郑国一定会知道，人家必然做好了充分的准备，怎么能取胜呢？我们费了力气而没有收获，士兵一定会有抵触之心，产生怨恨之情。"

秦穆公本来想听听蹇叔鼓励的话，他却浇了一盆冷水，反对出兵郑国，秦穆公一心要做霸主，哪里会听得进蹇叔的话。秦穆公一句话也没说，阴沉着脸，转身跨出了门槛。

回到寝宫之后，秦穆公想，兵贵神速，不能耽搁，立即召见孟明视、西乞、白乙，任命他们为出征郑国的主将，立即整顿本部战车、兵卒，准备妥当后就出发。这三位年轻将领，个个精神抖擞，雄姿英发，早想一显身手了。

第二天，都城的东门外旌旗招展，甲光映日，黑压压排开三百辆战车。秦穆公亲自来为出征的将士送行，鼓励他们说："你们都是我优秀的子民，要英勇杀敌，建功立业，千万不要辱没了我们秦国的威风。我会在这里迎接你们凯旋……"

话还未说完，就听见军前传来一阵苍老而凄楚的哭声，秦穆公定睛一看，原来是蹇叔。他也赶来送行，并站在战车下，泪流满面，痛哭失声，悲伤地对孟明视说："孟明将军，我看到军队出去，却看不到军队回来了，你好自为之吧。"说完仍泪流不止。

秦穆公见状大怒，认为蹇叔征前哭师，又说些不吉利的话，会损害士气，不利于征战，就派左右的人前去训斥："你已经老糊涂了，什么也不懂！如果你六七十岁死了，你坟上的树木早就长得可以双手合抱了。"

蹇叔哭得涕泪纵横，根本不顾秦穆公的训斥，又走到他儿子跟前，流着泪说：“儿子，君命不可违，你好可怜啊！晋国的军队一定会在崤山抵御你们。崤山有两座山陵，南陵和北陵，你一定会死在两座山陵之间，我去那里收拾你的尸骨吧。”

秦穆公怕蹇叔这悲戚的哭声真的会扰乱了军心，忙命人把蹇叔赶走。一声令下，孟明视就率领两万多大军，浩浩荡荡地向东进发了。

历代名家点评

俞宁世曰：布景精，着色丽，辞令、议论，节节人神。

又曰：秦人滑一段，应蹇叔对穆公；晋败秦一段，应蹇叔哭孟明。末以“孤违蹇叔”收，是一头两脚文字。

殽之战

◎ 僖公三十三年（公元前627年）

阅读提示

殽之战是秦晋争霸的又一场战役。秦穆公兴兵突袭郑国，劳师袭远，郑国得到消息后，提前备战，秦军出于无奈只好在灭掉滑国后草草收兵，在返回的途中，遭到晋军的伏击。

人物

先　轸：（?—前627年），又称原轸。春秋中期时的晋国大夫，著名的军事将领。开始为下军佐，后升为中军元帅，把持军中重权。

原文

三十三年春，秦师过周北门，左右免胄而下[①]，超乘者三百乘。王孙满尚幼，观之，言于王曰："秦师轻而无礼，必败。轻则寡谋，无礼则脱。入险而脱，又不能谋，能无败乎？"

及滑，郑商人弦高将市于周，遇之。以乘韦先[②]，牛十二犒师，曰："寡君闻吾子将步师出于敝邑，敢犒从者。不腆敝邑，为从者之淹，居则具一日之积，行则备一夕之卫。"且使遽告于郑。郑穆公使视客馆，则束载、厉兵、秣马矣[③]。使皇武子辞焉，曰："吾子淹久于敝邑，唯是脯资饩[④]牵竭矣。为吾子之将行也，郑之有原圃，犹秦之有具囿也[⑤]，吾子取其麋鹿，以闲敝邑，若何？"杞子奔齐，逢孙、扬孙奔宋。孟明曰："郑有备矣，不可冀也。攻之不克，围之不继，吾其还也。"灭滑而还。

晋原轸曰[⑥]："秦违蹇叔，而以贪勤民，天奉我也。奉不可

注释 <<<

①胄：为武士的头盔。

②乘韦：乘，四；韦，熟皮革。以乘韦先，先送上四张熟皮革。古人馈赠礼品先以薄物为引，后送贵重的礼物。

③客馆：妃子等人的住处。厉兵：兵器已磨得锋利。秣马：军马已经喂饱。也就是做好接应秦军的一切准备。

④饩（xì）：鲜肉。

⑤原圃、具囿：都是放养禽兽的猎场。原圃在今河南省中牟县西北。具圃在今陕西省凤翔县境内。

⑥原轸：又名先轸。

失，敌不可纵，纵敌患生，违天不祥，必伐秦师。”栾枝曰：“未报秦施，而伐其师，其为死君乎？”先轸曰：“秦不哀吾丧，而伐吾同姓，秦则无礼，何施之为？吾闻之，一日纵敌，数世之患也。谋及子孙，可谓死君乎？”遂发命，遽兴姜戎，子墨衰绖，梁弘御戎，莱驹为右。夏四月辛巳，败秦师于殽⑦，获百里孟明视、西乞术、白乙丙以归。遂墨以葬文公，晋于是始墨。

文嬴⑧请三帅，曰：“彼实构吾二君，寡君若得而食之，不厌，君何辱讨焉！使归就戮于秦，以逞寡君之志，若何？”公许之。先轸朝，问秦囚。公曰：“夫人请之，吾舍之矣。”先轸怒曰：“武夫力而拘诸原，妇人暂而免诸国，堕军实而长寇雠，亡无日矣。”不顾而唾。公使阳处父追之，及诸河，则在舟中矣。释左骖，以公命赠孟明。孟明稽首曰：“君之惠，不以累臣衅鼓，使归就戮于秦，寡君之以为戮，死且不朽。若从君惠而免之，三年将拜君赐。”

秦伯素服郊次，乡师而哭曰：“孤违蹇叔，以辱二三子，孤之罪也。”不替孟明，“孤之过也，大夫何罪？且吾不以一眚掩大德。”

⑦殽：同“崤”，山名在今河南洛宁县北。

⑧文嬴：秦穆公之女，嫁给晋文公为夫人，为晋襄公的母亲。

史纪风云

晋文公死后，太子继承君位，他就是晋襄公。襄公即位后即办理君父的丧事，全国举哀。襄公是一个深谋远虑的人，他担心在治丧期间会有外敌入侵，便命令部队加强警戒，做好一切迎击敌人的准备。又怕一些老臣对他这位新君的命令有所懈怠，不能尽心尽力，便陷入深深的思索，彻夜未眠，终于想出了一个好主意。

第二天，他把专门负责占卜的大夫卜偃召进后宫密室，屏退左右，说道：“先生，我派在秦国的间谍前几日来禀报，说秦穆公有称霸的野心，想趁我国忙于丧事，无暇顾及诸侯之事的时机，进攻郑国，立足中原，我国不可不加防备。”

卜偃连连点头，十分同意，说道：“国君考虑得极为周道。水来土掩，兵来将挡，我们加强备战也就是了。”

◎ 春秋时期 玉器

晋襄公摇了摇头说："不光是这些。这是兵家常道，我已经布置下去了。我考虑的是要使众人心服，让他们认识到形势的严重，真正从心里提高警惕，那样我就容易指挥了。"

"这……"卜偃思索着，没有马上答言。

"天下之人都相信在天之灵，也都相信占卜。先生是专管占卜之事的，我国百姓也都认为你占卜的卦最灵验。先生是否可以从这方面做些文章？"晋襄公启发他说。

卜偃何等精明，一点就透，便接口说道："这事好办，您看这样……"

于是二人交头接耳，秘密地商议起来。议罢，相视而笑。卜偃起身告辞，晋襄公送至门外，又再三叮嘱说："请先生绝对保守秘密，这件事只有你知我知。"

◎ 云雷纹双耳型格铜剑

卜偃信誓旦旦地说："不劳国君嘱咐，臣下岂不知这是军国大事！"

晋国的祖坟在曲沃，要把晋文公的灵柩从晋国国都绛城运往曲沃下葬。出殡那一天，人山人海，都城的百姓都身穿孝服，出城送葬。晋襄公满脸肃穆悲戚，迈着沉重的脚步，走在灵车前面。

忽然棺材里发出牛叫一样的声音，高亢而凄厉，送葬的人都大吃一惊，恐惧地注视着那副棺材。晋襄公急忙转过身来，头冲着棺材，跪在大路边，匍匐在黄土地上连连叩头。送葬的臣民见国君率先跪

下，也都跟在后面跪地叩头。灵车已经停下了，晋襄公把卜偃召到跟前，命他马上占卜，并报告是吉是凶。卜偃又一次跪拜，先用龟甲占卜了一遍，又用蓍草占卜了一遍，虔诚地端详着卦象，然后严肃地对众人说："先君发布军事命令，将有西方的军队过境，并要袭击我国，如果攻击他们，一定获得大胜。"说完，又虔诚地拜了两拜，众人也跟着拜了两拜。棺材里的牛叫声忽然戛然而止。卜偃站起身来，接着说道："刚才先君发布的命令，各位都听到了。根据卦象，先君所说的西方军队就是秦国的军队。秦国在我国西边，他们要袭击中原国家，一定从我国经过。因为我们同秦国曾经是友好国家，订有盟约，他们过境可不必借道，任其自由通过。这样，会给我国带来严重威胁。"

大夫先轸说："秦国乃是虎狼之国，西部的小国和部族都让秦国吞并光了。他们下一步必定会向东发展，我们晋国首当其冲。所以我们必须做好一切准备，以防不测。"

晋襄公满脸泪痕，十分严肃，提高声音对大家说："刚才卜偃大夫转达了先君发布的军事命令，大家要认真执行，玩忽职守者定斩不饶。先君是诸侯的霸主，现在先君去世，这个霸主自然应当由我来继任，这是天经地义的事情。不过，秦穆公早就虎视眈眈，觊觎这个霸主位置了。各位说，我们晋国能答应吗？"

"不能，决不答应！"众人附和的喊声震荡着山谷，冲上云霄。一场送葬的行动，仿佛变成了一场规模宏大的誓师大会。

晋襄公见预期的效果达到了，就又走到灵车前，挥手让灵车启动了，缓缓地、鸦雀无声地向曲沃进发。晋襄公又在心里琢磨起下一步行动。

葬礼结束，晋襄公从曲沃回到绛城。这时秦国的军队已经通过晋国，向东开拔。晋襄公召集文臣武将，一起商量对付秦军的办法，说道："据奸细报告，秦军此次进攻的目标是郑国。如果秦军灭了郑国，下一步就该攻打我国了。秦国在我们西边，郑国在我们东边，我们将腹背受敌，受到东西两面的夹击，恐怕将大大不利于我国。请各位说说应该怎样对付秦国的军队。"

◎ 西周中期 执物俑
童子舞者，身穿长衫，前开襟，紧袖口，臂左右动。手握作环状，头疏总角，面部表情肃穆。

大夫先轸说道："我听说秦国老臣蹇叔曾劝阻秦穆公，不让他出师伐郑，并说崤山是个险要的地方，经过那里很危险。但是秦穆公不听蹇叔的劝阻，断然发兵。秦国为了贪图郑国的土地，实现他称霸诸

侯的野心，而使百姓遭难受苦，这是上天给予我们的大好机会。给予的不能丢失，绝不能放走敌人。如果放走敌人，就一定会发生祸患。违背了天意，就不吉利。我们一定要进攻秦国的军队！”

大夫栾枝提出了疑问：“秦国曾对我国有恩惠，我们没有报答秦国的恩惠，反而去进攻它的军队，别人会说我们忘恩负义，心目中没有已经死去的国君了，恐怕不妥吧？”

先轸反驳他说：“秦国不为我们的丧事悲伤，反而攻打滑国、郑国这些与我们同姓的国家，这是他们无礼，还讲什么报答恩惠？我听说过这样的话：‘一天放走敌人，就是几辈子的祸患。’为子孙后代打算，这就是我们可以用来回答已死国君的话。”

卜偃接上说：“栾枝提出要想着先君，先君的在天之灵不是已命令我们进攻秦军了吗？而且说进攻就会大获全胜。我们要尊奉先君的命令，不能有一点犹豫。”

栾枝静默不语，他被说服了。晋襄公站起来，严肃地说：“机不可失，时不再来。秦军侵犯郑国，回师必然经过崤山，崤山有南北两座大山陵，中间是个大峡谷。我们预先在山上埋伏，来个两面夹击，打他个措手不及，必然大获全胜。”

先轸又建议说：“我国北部边境的姜戎族，勇猛顽强，尤其善于在山地作战，他们早已归附了我们，对我们忠心耿耿。我们可以征调

姜戎族，跟我们协同作战。”

“言之有理。我立即派人前去调集姜戎族前来助战，由我直接指挥。”晋襄公采纳了先轸的建议，并下达了进攻的命令，命先轸带领本部人马埋伏在崤山的南陵，命栾枝带领本部人马埋伏在崤山的北陵，自己亲自担任全军的统帅。一切布置妥当，就各自行动去了。

春秋晚期 兽面纹钟

回头再说秦军，他们偷袭郑国没有得手，就灭了滑国，抢夺了大量粮食和财物，装满了大车小辆，慢慢地往回走。

这一日来到了崤山的东口。只见这座山奇峰直插云霄，断壁如同斧削，怪石嶙峋，峰峦叠嶂，山上长满了茂密的树林，山谷中是一条窄窄的小路，有的地方仅能容一人一车通过，可谓十分险恶。

秦军主将孟明视到了山脚下，仰视一笑，他想起了出征前老臣蹇叔说的话：“我看到军队出去却看不到他们回来了。”对这老朽充满了蔑视之情。心想，过了崤山就是秦国的地界，我们这不是平安地回来了吗?于是就下令全军通过崤山。

两位副将西乞和白乙急忙走上前来，对孟明视说：“将军，崤山不比别的山，易守难攻。您看，山上树木密布，极易埋伏敌军。我看在山下休整一下，让士兵们饱餐一顿，提高警惕。”

“二位将军太多心了吧，我们是胜利回师，士气正旺，何必那么胆小怕事!待回国后再好好犒劳这些出征的战士吧。不必多虑，听我的指挥就是了。”

孟明视根本不听西乞、白乙的劝说，就打马驱车前行。有一个军尉拦住了他的马头，他是蹇叔的儿子，这次随军出征。军尉想起了老父涕泪纵横送自己出发的样子，就十分诚恳地说：“家父说晋国的军队一定埋伏在崤山拦击我们，他还说我一定会死在两座山陵之间，还要前来收拾我的尸骨呢。将军万万不能麻痹大意，可别忘了骄兵必败的古训啊！”

“你父亲已经老糊涂了，别听他胡说八道。赶快归队，随我前进。”

孟明视对军尉理也不理，命令西乞说：“你在前面开路，遇着荆棘、乱石，就铲除整理干净，给后军开辟出一条宽阔平坦的道路来。”又命令白乙说：“你在后面压阵，催促士兵快走。我在中军前后接应，你们就放心地前进吧。别说不会遇见晋军，就是遇到我也能杀败他们。”

一声令下，秦国的先头部队开进了崤山峡谷，道路崎岖而又狭窄，战车和士兵只能缓缓前行。山林静悄悄，偶尔传来一两声凄厉的猿啼。西乞走在队伍的最前面，见山中没有一点动静，一颗悬着的心略微放下了一些。白乙走在队伍的最后，不断催促战士快速前进，不要掉队。当他最后一个跨进峡口的时候，连忙派人报告孟明视全军都已进入了大峡谷，提请他要万分小心。孟明视听罢，一阵狂笑，说道：“我看晋军不敢拦截我们嘛！”

话音未落，只听前面响起震天动地的鼓声，好像一阵阵炸雷在沟谷间滚动。孟明视惊得一愣，放眼四望，只见沟前谷后、两侧山峰上齐刷刷地竖起一片旌旗，仿佛把树林都遮挡住了。孟明视急令战士弓上弦，刀出鞘，准备厮杀。

晋襄公急令跟随的姜戎部队堵住谷口，向奔来的秦军放箭、冲击。姜戎兵个个骁勇，有股子不怕死的劲头，直向西乞杀来。西乞忙指挥部队往山口冲，但哪里冲得过去。秦军多日行军，又未能好好地休整过，已是疲惫之师；晋军以逸待劳，养精蓄锐，士气特别旺盛。一场血战，秦军被打得丢盔卸甲，掉头往回逃窜。西乞一连杀了几个逃跑的士兵，也制止不住潮水般溃败下来的士卒，他也被裹在败兵里蜂拥着后退，着急地盼望孟明视能前来接应。

孟明视远远地望见前军溃退下来，急忙指挥中军上前接应。还未等下令，崤山的南陵上站起一彪人马，利箭像飞蝗一般扑来，秦军中箭，人仰马翻，纷纷倒地。孟明视又督促士卒向南陵上杀去，山上放下了滚木礌石，就着山坡，顺势急下，秦军被砸、被碾，死伤了大半。晋军的主将先轸率领部下冲下山来，把秦军的前军和中军断为两截，各自围困起来，使他们首尾不能照应。孟明视见情势危机，急令白乙率领后军火速前来救援。

白乙接到孟明视的将令，让军尉断后，自己驱马赶到后军的前头，带领部队要与中军会合，刚刚起步，埋伏在崤山北陵的栾枝急忙擂响战鼓，晋军挥舞着军旗，利箭像瓢泼大雨似的纷纷射来，推下巨木大石，把蚂蚁般爬山的秦军碾轧在巨木大石之下。栾枝一声令下，率先冲下山来，遇着正在指挥的白乙，举戟便刺，白乙也挥戈相迎，正要再战，早被杀来的晋兵团团包围。秦军的中军和后军被拦腰斩断，谁也顾不上谁了。后军见大势不好，急忙向谷口逃去，军尉镇压不住，也被裹进乱军中，朝谷口逃命。还未到谷口，秦军就都吓得目瞪口呆，哪里还有谷口，那里早被巨石砌成了一道又高又厚的石壁，把谷口封得严严的，插翅也难以飞过去。军尉不死心，命令士兵搬石运土，要堆成一座土山，好跨越过石壁。没成想从石壁后站起一列列晋军，也不搭话，就是一阵乱箭。可怜那位军尉——蹇叔的儿子，身中利箭，翻身从战车中跌落下来，倒在了血泊中，真应了他父亲那句话——“我来收拾你的尸骨吧。”

秦军原来像一条长蛇，爬行起来还有些力量，现在被晋军拦腰截为三段，就一点活力也没有了。士兵们前不见头，后不见尾，已成了惊弓之鸟，往来奔窜。孟明视要把队伍重新集合起来，排成整齐的队列进行抵抗，但哪里吆喝得住抱头鼠窜的败兵。在车轮的碾轧下，在马蹄的践踏下，在利箭的攒射下，在戈戟的穿刺下，秦军一个个成了血葫芦，横躺竖卧，死伤殆尽。

晋襄公再一次发起总攻，剩下的秦军已无还手之力，只有乖乖投降的份儿了。孟明视、西乞、白乙三位将军还想做最后的挣扎，但都已精疲力尽，被猛虎般扑上的先轸、栾枝等活捉了。

晋襄公命人把孟明视等三人结结实实地捆上，装进囚车，押着大批秦军俘虏，回到国都。还在都城中绕了一圈，将俘虏游街示众，以壮国威，然后杀了他们，以祭先君的亡灵。晋都沸腾了，百姓倾城出动，欢呼雀跃，观看秦将游街，道路都被堵塞了。

这个消息很快传到了后宫。太后文嬴是晋襄公的后母，秦穆公的女儿，她听说晋襄公要把俘虏的三员秦将杀了祭祖，忙派寺人(宦官)把晋襄公召来问话。晋襄公问道："母后，我在处理战后事宜，忙得很，不知母后有何吩咐？"

文嬴也不绕弯，直截了当地问道："听说你俘虏了秦国三个将军？"

晋襄公有些炫耀地说："是的，他们叫孟明视、西乞、白乙。秦军真是不堪一击，崤山一仗，他们全军覆没，没有一个生还。多亏先君的在天之灵保佑，母后的洪福齐天，将士们的英勇拼杀。"

"你打算怎么处置他们？"

"把他们拉到祖庙，祭祀祖先。"

"这三个秦将活该被杀，是他们进谗言，挑拨离间，使我们两国国君结成仇怨。我的君父把他们恨入骨髓，如果抓住他们，扒了他们的皮，吃了他们的肉，还不能满足，何必劳动你去杀戮他们呢？我看你让他们回去，我君父当面杀了他们，方解心头之恨。我看还是让我君父快意一些，你认为如何？"

晋襄公沉默着，低头深思。文嬴又说："战争是这三个不肖之徒挑起来的，我君父杀他们名正言顺，我们何必担个杀戮俘虏的罪名呢？"晋襄公答应了文嬴的请求，立即派人到监狱中释放了孟明视等三位秦将。

先轸正在家中休息，下人前来报告说："街上都在传说国君释放了三个俘虏，不知是真是假，特来报告。"先轸也不回话，马上穿上朝服进宫去会见晋襄公，劈头就问："俘虏的那三个秦将呢？何时用他们祭祀祖先，好让主祭官抓紧准备。"晋襄公吞吞吐吐地说："母后代他们请求，我已遵从母命，释放了他们。"

先轸愤怒地说："将士们在战场上拼死拼活抓住了他们，女人说几句谎话，您就把他们释放了。您这是抛弃战士们用鲜血换来的战果。是长敌人的志气，增寇仇的气焰，灭自家的威风，扫将士的兴头，我看晋国快要灭亡了。"说完，就往地上吐唾沫，连头也不回地跨出朝堂。

晋襄公知道这件事自己处置得不妥当，派大夫阳处父去追赶秦将。阳处父驾车急追，到达黄河边上时，孟明视三人已经坐在船中了。阳处父忙喊：“将军停下，敝国国君让我前来赠送马匹，供将军代步。”说着就把拉套的马解下来，牵到黄河边。孟明视心知这是晋襄公后悔了，骗他们下船，再抓回去。就站在船上高声喊：“谢谢贵君的恩惠，不用我们这些俘虏做祭祀品，就已万幸了，哪敢再接受贵君的馈赠。贵君让我们回国在自己的国家接受杀戮，使尸骨葬在故乡，我们已感恩不尽了。敝国国君如果能依从贵君的恩惠而赦免了我们，三年之后，我们将在战场上拜谢贵君的恩赐。请回吧。”

◎ **西周中期 牛樽**

容酒器：器作牛形，躯体浑圆。头部较大，开一小流可饮酒，短颈，无胡，细足，背有方盖，上立一虎，盖有活链与后脊部环钮套铸；自颈至臀部两侧各饰一大窃曲纹。腰间饰目纹，并以云雷纹为衬地。

阳处父沿着黄河岸追着，喊着，孟明视等三人也不答话，只是拼命地划着船，朝对岸冲去。晋襄公听完阳处父的报告，后悔不迭，但已无可奈何，只有连声叹气而已。

秦军战败、孟明视等被俘的消息，早已传到秦国，秦穆公悲伤不已。不久又有哨兵报告，说孟明视等又被释放回来，已到黄河西岸，秦穆公穿戴上白衣白冠，住在郊外等候迎接。他对着被释放回来的将军放声痛哭，说道：“我不听蹇叔的话，让你们受到侮辱，这是我的过错。”他没撤孟明视等人的职，说：“将军们没什么罪，我不能用一次过错来掩盖他们的大德。”

崤山之战是春秋时的一次重要战役，它以秦军覆没而告终。

历代名家点评

金圣叹曰：读原轸语，读栾枝语，读破栾枝语，读文嬴语，读先轸怒语，读孟明谢阳处父语，读秦伯哭师语，逐段细细读，逐段如画。

壶

盛酒器和水器。流行于商至汉代，用于装酒和装水。

壶使用的年代较长，品种和式样繁多，形状大致有圆形、方形、扁圆形、八角形等。断面为扁圆形，深腹下垂，带扁方形贯耳和圈足的壶大多为商代器物，但商代也有长颈鼓腹的圆壶。西周的壶除承袭商代式样外，多设有圈顶壶盖，盖可倒置用作杯。耳多为半环耳或兽首衔环状耳。春秋壶造型比商周壶轻巧，大多为扁圆壶或是方壶。许多壶盖上端做成莲瓣形，也有一些在壶盖或壶身外表装饰鹤、龙、虎等立体动物形象。战国的壶由垂腹改为鼓腹，下腹部内收，圈足微外撇或平底，底部小巧而稳重，显得秀丽灵巧。这一时期也有提梁壶，提梁用数十节铜链串接而成，便于外出携带。弧形壶主要是春秋战国时期的作品。造型为长颈，圆腹，腹旁有鋬，平底或圈足。壶颈向一侧倾斜，形状类似瓢瓜。

宣公

元年—十八年

历史背景

鲁宣公，文公的儿子，母亲敬嬴。在位十八年，其元年为公元前608年，周匡王五年。

晋楚之争为这一时期的历史轴心，左右着全局。与前期不同的是，楚国势力日渐强大，而晋国势力逐渐衰弱。至二十年邲之战，楚胜晋，使楚国霸业达到了顶峰。

晋国由于屡次失信于诸侯，信誉日降。郑穆公说："晋不足与也。"代表当时诸侯对晋的普遍看法。晋自身也危机四伏，秦不肯与晋讲和，事实从西面进行攻击，狄人也不断侵扰。加之晋国内部灵公残暴，诸卿争权，使其实力大力削弱，没有实力再与楚国相争。二年，灵公被杀，成公即位，为缓解诸卿争权，制定公族制度，让卿的儿子都有官可做。又任用郤缺为正卿，使内部安定，又与狄人结好，减少了后顾之忧，于是能集其军力与楚相争。

楚国庄王当政，乘晋衰弱之机，不断北向扩张。三年伐陆浑之戎，达到成周境内，耀兵王畿，问九鼎之轻重大小，大有取周而代之的企图。接着平定国内子越椒叛乱，灭若敖氏，稳定了内部。又任用孙叔敖为令尹，修明庶政，整饬吏治，国力得到增强。于是频繁北征。晋楚相争集中在争夺郑国，邲之战前，楚庄王曾六次讨伐郑国，晋也多次救郑，伐郑。郑则摇摆于两国之间，唯强者是依。

十二年，楚围郑，郑向晋告急求救，晋迟迟不发兵，三个多月后，郑都被攻克，郑降楚，晋军兵临城下。晋中军帅荀林父优柔寡断，没有控制全局的魄力，诸卿多不服，晋国的将帅在和战问题上意见不一，面对强敌，长时间犹豫，以致处处被动，导致惨败。

楚在邲之战后第二年，又北上围宋，经九个月围困，迫使宋与楚结盟。同时又与齐通好，鲁主动附楚，致使北方大都附楚。

晋为楚相抗，又联合宋、卫、曹在清丘结盟，提出"恤病讨贰"，可是这盟约不过是一纸空文，与盟者很快就把它破坏干净，后晋又召齐、鲁、卫、曹、邾盟于断道，由于齐侯得罪郤克，导致晋、齐关系恶化和成公二年的齐晋鞌之战。

晋灵公不君

◎ 宣公二年（公元前617年）

阅读提示

不行君道的晋灵公，以重税来满足自己的奢侈生活；一心报国的赵盾和士季二人，并没有因此而闭口不言。二人的誓死“骤谏”与晋灵公的“不君”构成了极大的反差。

人物

晋灵公：名夷皋，晋襄公的儿子。此人不行君道，荒淫无道，以重税来满足奢侈的生活。

弦　高：郑国的一位行商，经常来往于各国之间做生意。公元前627年，弦高经商途中遇到秦国军队，当他得知秦军要去袭击郑国时，便一面派人急速回国报告敌情，一面伪装成郑国国君的特使，以十二头牛作为礼物，犒劳秦军。秦军以为郑国已经知道偷袭之事，只好班师返回。郑国避免了一次灭亡的命运。

原文

晋灵公不君[①]，厚敛以彫墙[②]，从台上弹人而观其辟丸也。宰夫胹熊蹯[③]不熟，杀之，置诸畚[④]，使妇人载以过朝。赵盾、士季见其手，问其故而患之。将谏，士季曰：“谏而不入，则莫之继也。会请先，不入，则子继之。”三进，及溜[⑤]而后视之，曰：“吾知所过矣，将改之。”稽首而对曰：“人谁无过？过而能改，善莫大焉。诗曰：‘靡不有初，鲜克有终。’夫如是则能补过者鲜矣。君能有终，则社稷之固也，岂唯群臣赖之[⑥]。又曰：‘衮职有阙[⑦]，惟仲山甫补之。’能补过也。君能补过，衮不废矣。”

注释 <<<

①晋灵公：晋国国君，名夷皋，文公之孙，襄公之子。不君：不行君道。

②彫墙：装饰墙壁。这里指修筑豪华宫室，过着奢侈的生活。

③胹（ér）：煮，炖。熊蹯（fán）：熊掌。

④畚（běn）：筐篓一类盛物的器具。

犹不改。宣子骤谏[8]，公患之，使鉏麑贼之[9]。晨往，寝门辟矣，盛服将朝。尚早，坐而假寐。麑退，叹而言曰："不忘恭敬，民之主也。贼民之主，不忠；弃君之命，不信。有一于此，不如死也。"触槐而死。

秋九月，晋侯饮赵盾酒，伏甲将攻之。其右提弥明知之，趋登曰："臣侍君宴，过三爵，非礼也。"遂扶以下。公嗾夫獒焉[10]，明搏而杀之。盾曰："弃人用犬，虽猛何为！"斗且出。提弥明死之。

初，宣子田于首山，舍于翳桑[11]，见灵辄饿[12]，问其病。曰："不食三日矣。"食之，舍其半。问之，曰："宦三年矣，未知母之存否。今近焉，请以遗之。"使尽之，而为之箪[13]食与肉，置诸橐以与之[14]。既而与为公介，倒戟以御公徒，而免之。问何故。对曰："翳桑之饿人也。"问其名居，不告而退，遂自亡也。

乙丑，赵穿攻灵公于桃园。宣子未出山而复。太史书曰："赵盾弑其君。"以示于朝。宣子曰："不然。"对曰："子为正卿，亡不越竟，反不讨贼，非子而谁？"宣子曰："呜呼！'我之怀矣，自诒伊慼。其我之谓矣'。"孔子曰："董狐，古之良史也，书法不隐；赵宣子，古之良大夫也，为法受恶。惜也，越竟乃免。"

宣子使赵穿逆公子黑臀于周而立之[15]。壬申，朝于武宫[16]。

⑤三进：向前走了三次。及：到。溜：屋檐下滴水的地方。
⑥赖：依靠。
⑦衮：指君位。
⑧骤：多次。
⑨鉏麑（chú ní）：晋国力士。贼：刺杀。
⑩嗾（sǒu）：唤狗的声音。獒（áo）：猛犬。
⑪翳（yì）桑：首山附近的地名。
⑫灵辄：人名，晋国人。
⑬箪（dān）：盛饭的圆筐。
⑭橐（tuǒ）：两头有口的口袋，用时以绳扎紧。
⑮逆：迎。公子黑臀：即晋成公，文公之子，襄公之弟，名黑臀。
⑯武宫：晋武公的宗庙，在曲沃。

史纪风云 

鲁文公六年(公元前621年)，晋襄公得暴病突然死了，他生前所立的太子夷皋尚在襁褓之中。在这之前，原来辅佐晋文公、晋襄公的一些老臣也相继去世。当时担任晋国正卿的是大夫赵衰的儿子赵盾。赵盾为人正直，富有远见，认为近些年晋国常和秦国、狄族有战事，楚国也在攻打盟国，所以应当立一个年长一些的国君，由他来主持国政，可以使国家稳定，免遭祸难。于是就召集大夫们研究，说道："还是立公子雍为国君更好。他是先君文公的儿子，年长而且善良慈惠，先君生前很宠爱他。他正在秦国任职，秦国对他很亲近。秦国和我们是老朋友了，能让善良慈惠的人做国君，国家就巩固；侍奉年长的

◎ 双龙纹玉璧

人，就名正言顺；立先君所宠爱的人，就合于孝道；结交老朋友，国家就会安定。公子雍具备这些条件。”

已故大夫狐偃的儿子贾季反驳说：“我看立公子雍的异母弟公子乐更合适。他母亲文嬴先后受过惠公、文公的宠幸，立她的儿子为君，百姓必然安定。”

赵盾不同意，说：“文嬴地位低贱，在夫人中位列第九，她的儿子有什么威严呢?而且文嬴被两位国君所宠幸，说明她淫荡。公子乐作为先君的儿子，不能结好于大国，而住在陈国这样的小国，而且离我们晋国很远，有事不能救援，怎么能安定百姓呢? 公子雍的母亲很贤惠，因为襄公立为国君，而让位给襄公母，使她居于自己之上；又因为与狄族交好，而让位给季隗，自己甘居她之下，所以才位列第四。先君因此喜欢她的儿子，所以让公子雍到秦国做官，现在已做到亚卿。秦国强大而且离得近，有事足以救援；母亲具有道义，儿子又受宠爱，足以威临百姓。立公子雍再合适不过。”

春秋后期 镂空蟠纹俎 切肉食案，俎面中部略窄并下凹，俎下四足，呈口状。

赵盾于是派大夫先蔑、士会等人到秦国迎接公子雍，贾季也派人到陈国召回公子乐。赵盾得到这一消息后，担心公子乐回国会因争夺君位而发生动乱，便派人在半路上杀死了公子乐。贾季也逃亡到狄族那里。

先蔑、士会出发的时候，大夫荀林父劝阻说：“现在襄公的夫人和太子夷皋还在，却要到国外去接国君，这事一定不成功。您应当借口生病而辞谢不去，否则祸患将会降临到您身上。派一个代理卿前去就可以了，为什么一定要您去?”先蔑、士会本不愿去，但受正卿赵盾派遣，又不能不去。

这时，秦穆公已经死了，他的太子罃继位，就是秦康公。秦康公接见了晋大夫先蔑、士会，知道晋国前来迎接公子雍，便让两位使臣先回国，待他准备就绪后再送公子雍回国。秦康公想起当年父王秦穆公送公子重耳回国的时候，因为没有多派卫士，因而发生了瑕甥、郤芮联合起来焚烧宫室的事件，致使公子重耳又一次逃难。这一次就多给公子雍一些步兵卫士，送他回国。

先蔑、士会出发后，文嬴就每天抱着太子到朝廷上啼哭，边哭边说：“先君有什么罪?他的合法继承人有什么罪?丢开嫡子不立，却到外边去寻求国君，你们这些大夫准备怎么安置这个孩子?”说完，又痛哭起来。大夫们你看看我，我看看你，低下头来，无言以对。

下朝后，文嬴又抱着太子来到赵盾家，进门就向赵盾叩头，说道："先君临终时捧着这个孩子嘱托给您，说：'这个孩子如果成材，我就得到了您的回报；如果不成材，我在天之灵也会怨恨您的。'现在先君虽然去世，但言犹在耳，你就抛弃了太子，你们打算做什么？"

赵盾辩解说："晋国人都想立一个年长的国君，以安定国家。"

文嬴反驳说："太子是年纪小了些，但是您是正卿呀，您有责任辅佐国君，您要教导他成材。如果国家不安定，您推卸得了责任吗？"

赵盾和大夫们都怕文嬴，而且怕她的同宗、同党袭击杀害自己，就背弃了公子雍，立了太子夷皋为国君，夷皋就是晋灵公。赵盾对大夫们说："我们如果接受秦国送公子雍回来，他们就是客人；如果不接受，他们就是敌人。现在大家已经决定不接受了，就要赶快做好出战的准备，以免秦国动别的念头。准备发兵抵御秦军吧。"

赵盾亲自率领中军，让荀林父做副将；派先蔑统率下军。他们开始严格训练士兵，磨砺兵器。当秦军护送公子雍到达晋国境内时，赵盾命令喂饱战马，让士兵饱餐一顿，采取隐蔽行动，乘着夜色偷偷出兵。秦军是遵照赵盾的意图护送公子雍回国，所以未加任何防备。赵盾发动突然袭击，秦军一击即溃，带着公子雍逃回秦国去了。

先蔑本不同意立太子夷皋，现在被迫担任下军统帅，所以按兵不动，不和秦军交战。第二天他也逃亡到秦国，士会也跟着去了。

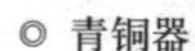

◎ 青铜器

秦康公因为晋国出尔反尔，十分恼怒，便养精蓄锐，准备报复。鲁文公十二年(公元前615年)冬天，大雪封地，一片洁白。秦康公亲统大军攻打晋国，占领了一些城池。赵盾组织人马抵抗，亲自率领中军，让荀林父做副将，派老将郤缺统率上军，让臾骈做副将，在河曲安营扎寨。臾骈说："秦军远来，粮秣不多，必不能持久，请主帅高筑营垒，巩固防地，等他们粮尽兵疲时出击，必获全胜。"赵盾采纳了他的建议，深沟高垒，以待来敌。

秦康公屡次派兵挑战，赵盾命令士兵坚守不战，违令者斩。秦康公询问随军的晋大夫士会："晋军坚垒不出，我们用什么办法对付他们？"

士会回答说："赵盾新近提拔他的部下臾骈做上军副将，这个主意一定是臾骈出的，想让秦军久驻在外而疲惫不堪。赵盾有一个同族兄弟叫赵穿，他是晋襄公的女婿，向来受宠信，但他年轻，不懂得作战，又蛮勇而狂妄，最近更对臾骈做上军的副将而不满。如果派一支勇敢的部队去袭击晋国的上军，准能成功。"

秦康公听从了他的意见，把玉璧扔进黄河里，向河神祈祷，保佑他取得战争的胜利，开始袭击晋军的上军。上军的副将臾骈坚守营垒，决不出战。赵穿愤怒地说："带着粮食，披着铠甲，就是为攻打敌人。现在敌人来了，却不去攻击，还等个什么？"

臾骈说："等待有利的时机。"

赵穿蛮横地说："我不懂计谋，你们不敢出战，我自己出去。"于是就带领他的部下杀出去了。

赵盾闻报，连忙对各军主将说："秦军要是俘虏了赵穿，就是俘虏了晋国的一个卿。秦军带着胜利回去，我将用什么回答晋国的父老啊?”于是带领全军出战。双方打了一仗，见天色已晚，就各自收军回营了。

秦康公见晋军阵势严整，个个骁勇，而自己的兵卒多已疲惫，斗志不坚，就打算撤兵。当夜，他派使臣到晋军中说道：“我们两国的将士白天都没打痛快，敝国国君请你们明天再决一死战。”秦使在说话时眼睛不断地扫视着在座的晋军将领。

赵盾爽快地答应了。送走秦国使者后，副将臾骈说：“我看秦使眼珠子不断地转动，说话的声音也有些发抖，失去了常态。这是秦军害怕我们了，打算逃跑。我们应当把秦军逼到黄河边上，一定能够击败他们。”臾骈准备立即率军出击。

赵穿挡住营门，大声喊道：“死伤的人还没有收拢安置，这是不仁慈；不等到约定的日期而把人家逼到险地，这是没有勇气。要战，咱们就明天摆开阵势。”

赵盾本不想再战，见受宠的赵穿立在营门前，就势下了台阶，也不发兵出击，使秦军连夜退回国内去了。后来秦、晋又有过几次争战，互有胜负，就各自加强了戒备。

晋国的公卿大夫担心秦国任用士会，会不利于晋国。赵盾说：“士会在秦国，贾季在狄人那里，祸患每天都可能发生，我们要想法让他们回来。这次我军高垒不战之策，就是被士会告诉秦军的。”

荀林父说：“请让贾季回来，他了解并会办理外交事务，他过去还有过功劳。”

郤缺另有主张：“不能让贾季回来，他喜欢作乱，而且有大罪。还是请士会回来，士会肯于做卑贱的事又知道耻辱，柔韧而不受侵犯。他有智谋，值得任用，而且无罪。”

赵盾就派大夫魏寿余假装带领他的封地魏邑的百姓叛乱，以诱骗士会。然后把魏寿余的妻子儿子逮捕起来，让魏寿余在夜间逃跑，去会见秦康公。魏寿余请求把魏邑献给秦国，秦康公答应派人去接收。秦国的军队驻扎在黄河以西，而魏邑在黄河以东。魏寿余对秦康公说：“请派一位原先是晋国而又能跟魏邑的官员们说上话的人，我带他一起前

◎ **春秋中期 莲鹤方壶**
容酒器，长方圆角体，盖顶做莲瓣，中有立鹤做展翅欲飞状，颈部两侧附大华冠龙形耳，自口沿及于下腹，颈前后有兽形棱锥，器腹四隅饰攀缘飞龙，圈足下呈两雄健咋舌兽，盖沿饰窃曲纹，设计奇巧，铸作技艺卓越，为春秋时代青铜艺术最佳之作。

去。”说完，在朝廷上踩了一下士会的脚，向他示意。

秦康公认为这样的人选只有士会最合适，就决定让他去。士会却起身辞谢说：“晋国人都是老虎和豺狼。如果他们违背原来的话，不让臣下回来，臣下死了，连妻子儿女也将被杀戮，这对君王也没有好处。还是不要让我去了。”

秦康公发誓说：“如果晋国不让你回来，我一定送还你的妻子儿女。有黄河神为你作证。”

士会就放心地跟着魏寿余走了，渡过黄河以后，魏邑的人把士会押走了。魏寿余见计已得逞，故意让人们高声吵嚷。秦康公为了不违背誓言，送回了士会的家属。此后秦、晋两国和平相处了十几年，没有发生大的战争。

回头再说晋灵公，他幼年继位，是在太后文嬴溺爱娇宠中长大的，养成了奢侈骄横、凶残无道的坏品质。他成人之后，亲自掌理国政，但仍恶习不改，违反为君之道。身为正卿的赵盾，在他小时候就注意教育开导他，但文嬴屡屡用年少为借口，百般袒护他，他就更加有恃无恐。等到执政之后，赵盾也屡次进谏，他却丝毫不改。

晋灵公为了自己享乐，过上更奢侈无度的生活，就大大加重税收，榨取百姓的血汗。把原来很好的宫殿全都弃置不用，又圈占了百姓的大批良田，在那里重新修建了一座座宫殿和一大批楼台亭阁。晋灵公还要求把所有的墙壁都加以彩画，到处都是金碧辉煌。他还修建了一个大桃园，种上奇花异草，供他玩赏。桃园中筑起一座高高的台子，耸入云霄。从各国各地征调来的民伕，没日没夜地在那里凿石锯木、垒土挖池，不少人死在了工地上。

春秋时期 青铜戈

赵盾和大夫们多次进谏，但晋灵公置若罔闻，一味地蛮干下去。

晋灵公经常带着侍从们到桃园中游玩赏花，还携着一张华贵的弓打鸟取乐。有一天，他嫌天气闷热，就到高台上风凉。看到墙头上有一只鸟，顺手接过雕弓，扣上弹丸，朝鸟儿射去，不仅没打到鸟儿，反而击中了墙外的行人。那行人被打得捂着脑袋哇哇哀叫，晋灵公看了很有趣，哈哈大笑。他又连连向行人发射，打得行人东逃西窜，弯腰曲背，纷纷躲避，他觉着很好玩。直到路上逃得连个人影也没有了，他似乎还意犹未尽。从此，晋灵公隔三差五到高

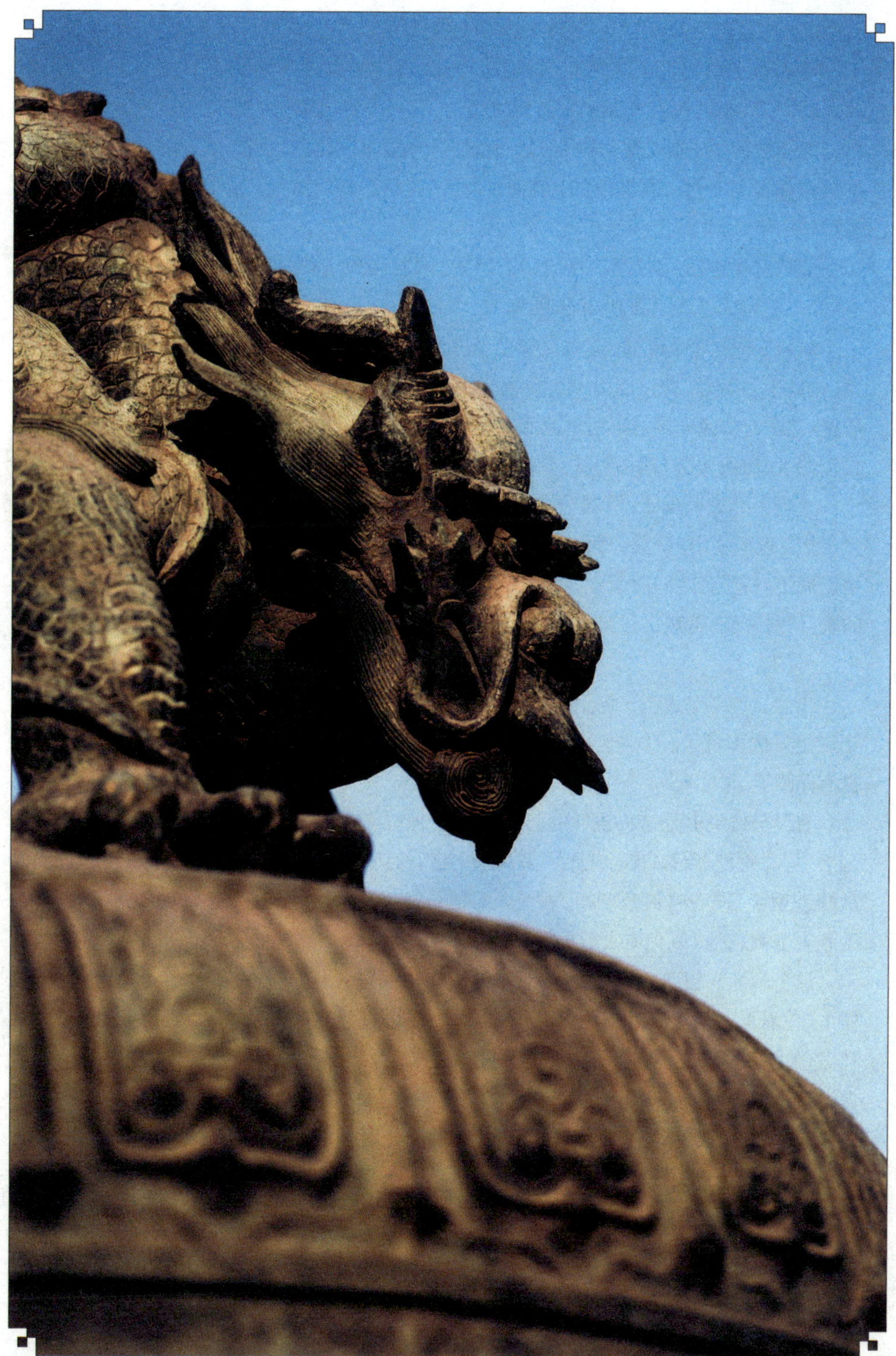

台上用弹弓打人玩，闹得人们怨声载道，叫苦连天。

赵盾和士会知道了这件事，就进宫劝谏。等了半天还不见晋灵公上朝，却看见两个宫女抬着一个大竹筐从后宫中走出来，筐外露出一只苍白的手。他们觉得很奇怪，走过去一看，原来筐中盛着一堆被肢解开的尸体，血淋淋的，就问宫女："这是谁的尸体?怎么回事?"

两位宫女答道："是后宫中厨师的尸体。国君因为他煮熊掌没有煮烂，就把他杀了，让我们抬出去喂狗。"

赵盾心中打了个冷战，觉得这样草菅人命，将会激起民变，为此十分担心，急忙催促卫士请国君上朝。士会对赵盾说："您去劝谏而国君不听从，别人就没法再接着上去进谏了。让我先去，他不听从，您再接着进谏。"

又等了好大一阵子，晋灵公才无精打采地登上朝堂。士会进了朝门，晋灵公假装没看见，直到士会来到房檐底下，晋灵公才睁眼看他，来个先发制人，堵住大臣的嘴："别说了，我知道过错了，一定改正。以后决不会再发生这样的事了。"

◎ 春秋时期 龙纹王玦

士会真诚地说："一个人谁没有过错，有了过错能改正，就没有比这更好的事情了。国君能够弥补过错，那国家就会治理好了，百姓也有保障了。"

晋灵公口头上是这样说，可是依旧不改，照样游乐，还继续到高台上射人，荒淫奢侈，有时几天不登朝堂。赵盾有辅佐的责任，就时常闯进后宫，逼着晋灵公登朝。晋灵公对他是又怕又恨又讨厌，决定派刺客去刺杀他，以免有人敢再管束他。

这个刺客叫鉏麑，天还没亮，他就偷偷地越墙进了赵府，躲在槐树下。他看见赵盾卧室的门已经开了，赵盾正穿得整整齐齐，端坐在几案前准备上朝。因为时间尚早，正在打盹。他就退了下来，叹息着自言自语地说："赵正卿真是时刻不忘朝政，真是百姓的主心骨啊!刺杀这样的人就是对百姓不忠实啊!可是不执行国君的命令，也是死路一条，不如死了好。"说完朝院中的槐树一头撞去，登时气绝身亡。

晋灵公见一计不成，又生一计。他预先在宫中埋伏下甲士，准备乘机击杀赵盾，就请赵盾到后宫饮酒。赵盾带着卫士提弥明前往。入座后，晋灵公频频劝酒，赵盾喝了两杯，又向国君敬酒。提弥明站在堂下，发现影壁间有人影晃动，觉得气氛不对，就快步登上殿堂，对赵盾说："臣下侍奉国君饮酒，超过三杯，就失礼了。"然后又压低声音果断地说："快逃!这里有埋伏!"边说边扶起赵盾向殿下冲去。

晋灵公马上连喊了两声"嗾，嗾!"唤起卧在席边的一只又高又大的恶狗，指使它向赵盾扑去。提弥明急忙冲上前拦住恶狗，就势一剑杀死了它。隐藏在影壁后的甲士听到狗咬，一齐冲出来追杀赵盾。提弥明留下拦击，一连杀死了几个甲士，终因寡不敌众，死于乱刀之下。

赵盾慌慌张张地往宫外跑，后面的甲士紧紧追赶。忽然从当中蹿出一个甲士跑到最前面，转身倒过戟来，抵挡其余的甲士。这个甲士十分勇猛，一连刺死了好几个追兵，其他的人就都退了下去。他架起赵盾飞也似的逃出宫去，把赵盾送回府中。赵盾问他为什么要不顾性命救自己，他回答说："我就是翳桑那个饿昏了的人。"再问他姓名、住处，他一句也没回答，就退出府去，接着就不知道逃亡到什么地方去了。

这位甲士为什么要救赵盾呢?原来这位甲士叫灵辄，在外地给贵族当奴仆。有一次回家探望老母，走到翳桑饿昏了，倒在地上起不来。恰好赵盾到这里打猎，发现了他，就问他得了什么病。灵辄有气无力地回答说："我没有病，是饿的，已经三天没吃东西了。"

赵盾让侍从拿些食物给灵辄吃，灵辄狼吞虎咽地吃了一半，似乎没饱，就不吃了，留下了另外一半。赵盾问他为什么不吃完，他说："我出外当仆人已经三年了，不知道母亲还在不在，现在快到家了，请让我把这些食品带给她。"赵盾被他的孝心所感动，又给他准备了一些肉和一筐饭，装在口袋中，让他带回家去。后来灵辄做了晋灵公的禁卫兵。今天他认出了赵盾，为报一饭之恩，阵前倒戈，不留姓名而退。

赵穿对晋灵公的暴行再也不能忍耐，就趁他到桃园游乐时杀死了他。

赵盾派赵穿到成周迎接襄公的弟弟公子黑臀回国立为国君，他就是晋成公。

王孙满对楚子

◎ 宣公三年（公元前606年）

阅读提示

公元前21世纪，方兴未艾的夏王朝用诸侯朝贡的铜铸造了九只气壮山河的大鼎，鼎上铸有九州山川名物。自此，九鼎被视为国家权力的象征。文中的楚王问鼎，无疑透出楚王有将周取而代之的意味。

人物

楚　子：楚庄王，春秋时期楚国君主，"春秋五霸"之一。在位期间非常重视人才，先后得到伍参、苏从、孙叔敖、子重等文臣武将的辅佐。由于楚庄王赏罚分明，使得群臣和睦相处，百姓得以安居乐业。

原文

楚子伐陆浑之戎，遂至于雒[①]，观兵于周疆。定王使王孙满劳楚子。楚子问鼎之大小轻重焉[②]。对曰："在德不在鼎。昔夏之方有德也，远方图物[③]，贡金九牧，铸鼎象物，百物而为之备，使民知神奸。故民入川泽山林，不逢不若。螭魅罔两[④]，莫能逢之。用能协于上下，以承天休。桀有昏德，鼎迁于商，载祀六百。商纣暴虐，鼎迁于周。德之休明，虽小，重也。其奸回昏乱，虽大，轻也。天祚明德，有所底止。成王定鼎于郏鄏[⑤]，卜世三十，卜年七百，天所命也。周德虽衰，天命未改。鼎之轻重，未可问也。"

注释 <<<

①雒：雒水，今天的洛水。
②鼎：即九鼎，王权的象征。楚庄王问鼎，有取代周的意图。
③图：图画。
④螭魅罔两：螭魅为山泽异气化生之怪物。罔两，通魍魉。
⑤郏鄏(jiá rù)：周朝的都城，即今天的河南省洛阳市。

史纪风云

鲁文公十三年(公元前614年),楚穆王死了,他的儿子公子侣在第二年继位,就是楚庄王。楚庄王年轻有为,精明干练,想向北方发展势力,扩大地盘,实现祖辈、父辈称霸中原的愿望。为了扩充实力,决定先降服周边的小国。于是派令尹子孔和师傅潘崇去袭击舒氏宗族建立的几个小国,让公子燮和子仪留守都城郢。

子仪原先被囚禁在秦国,秦国在崤山一战中大败于晋国,怕楚国乘势攻击,就派子仪回楚国求和。双方媾和以后,子仪认为自己立了大功,会得到楚成王的奖赏和提升,但他的愿望没有得到满足,就怀恨在心。公子燮向楚穆王要求做令尹,楚穆王认为他奸诈,就没有答应,他也怀恨在心。公子燮和子仪看到大军出征,郢都空虚,便勾结在一起,想要挟楚庄王让他们把持楚国的大权。他们沆瀣一气,一拍即合,便发动叛乱,控制了楚庄王。这二人怕子孔、潘崇回师攻打自己,便一面把郢都的城墙加高、加固,一面又派人去行刺子孔。刺客没有得手,被子孔的卫士击败,狼狈逃回了郢都。

子孔、潘崇得知国内发生叛乱的消息,便急速撤军,回国平息叛乱,加紧攻打郢都。公子燮和子仪凭留守的那点兵力,哪里是子孔所率大军的对手,郢都眼看即被攻破。他们二人便挟持楚庄王离开郢都,想要到商密去发展势力。途经庐邑,庐邑的大夫卢戢梨见公子燮和子仪挟持了国君,便在城门口迎接他们,说道:“二位大夫真是英明果敢,我早就不满意子孔他们把持朝政了,你们二位给我出了气。如果二位不嫌鄙邑狭小,请携国君在此小住,再整顿兵马,以图大计。”

子孔二人正惶惶如丧家之犬,见有人收留,就满口答应。卢戢梨把他们安置在客馆里,又设宴招待,还找来一些美女频频劝酒,把他们灌得酩酊大醉,不省人事,趁机命武士把他们杀死,又派士兵护送楚庄王回郢都。

楚庄王经受了这次劫难,也得到了一次锻炼,他开始注意把权力逐渐坚实地掌握在自己的手中,加紧制造武器,训练军队,增加国家

十六节玉挂饰

用五块玉料分别雕出十六节龙、凤、璧,环形饰件,再用三个椭圆形活环及一根玉销钉将其连接成一串。镂空和浮雕龙蛇,凤鸟纹、弦纹、云纹和龟纹等。是战国玉器中环节较多、纹饰复杂的一件。

的实力。到了鲁宣公三年(公元前606年)，楚国的国力大增，就开始向北进军。

陆浑的戎族这时强大起来，不时出兵扰骚周边的国家，抢掠牲畜、财物，使那里的百姓不得安宁。楚庄王首先把征伐的对象确定为陆浑之戎，拿它开刀，以扬国威。楚庄王亲率大军前去攻打，把陆浑之戎打得大败，楚军一直追到洛水边上，进入了周朝境内。楚庄王在那里举行了盛大的阅兵仪式，以示军威。只见军容整齐，士兵威武，战车坚固，战马体壮，旌旗遮天蔽日，盔甲闪着金光，声势特别浩大。

周定王派遣大夫王孙满前往阵前慰问楚庄王。楚庄王踌躇满志，傲慢无礼，表现出夺取天下的志向，斜眼瞅着王孙满，问道："周王收藏了九座巨鼎，请问九鼎的大小和轻重，能告诉我吗?"

王孙满见一个封国的君主竟敢向一位周大夫询问九鼎，足见其野心之大，就正色答道："从前夏禹王统一天下，广施恩德，把天下分为九州，让九州的长官进贡青铜，铸造成九鼎，并且把远方的东西绘成图像铸在鼎上，让百姓认识神物和恶物，这样百姓进入川泽山林，就不会碰上不利于自己的东西，魑魅魍魉这些鬼怪都不会碰上。因而能够使上下和协，以得到上天的保佑。从此，九鼎就成为镇国之宝，是王权的象征。后来夏朝的末代君王桀昏乱无道，九鼎就迁到了商朝。商朝的末代君主纣王暴虐昏乱，九鼎又迁到了周朝。德行如果美善光明，鼎虽然小，也是重的；如果奸邪昏乱，鼎虽然大，也是轻的。周成王把九鼎固定在王都，分封诸侯，拱卫王室。现在周室虽然衰微，但有诸侯勤王，仍可号令天下。鼎的轻重是不能询问的。"

楚庄王被王孙满一番义正辞严的话顶撞回来，虽然无言以对，但称霸中原的雄心仍然不减。他让王孙满转达自己对周天子的问候后，就率兵回郢都去了。

楚庄王回国之后，着手整顿内政，感到令尹子越为人奸诈，谗陷大臣，专擅朝政，为所欲为，就有心削减他手中的权力。令尹子越觉察到楚王对自己的不信任，就决定发动叛乱，夺取王位。他认为司马芳贾掌握兵权，对自己是个严重的威胁，就首先带领家兵对芳贾发动袭击，逮捕了他，先囚禁起来，然后又杀了他。接着率领军队占领了烝野，准备攻打楚庄王。楚庄王得知这一消息，不愿意在国内挑起战争，以免空耗国力，百姓遭难。而要向外发展势力，就必须使国内安定，于是派使臣去会见子越，说：“君王以国家为重，以百姓为本，对你一时糊涂做下的错事不予追究。君王愿意把三代国王的子孙交给你做人质，以此作为保证。”

子越冷笑了几声，说道：“我不需要什么人质，我要得到的是楚国的天下。你回去让君王把王位让出来，我就收兵，决不伤及他的性命。”

楚庄王被逼无奈，只好发兵围剿。两军在皋浒相遇，摆开了阵势。庄王驱动战车来到阵前，准备亲自说服子越，让他归降。子越也驾车冲出阵来，不待庄王开口，就对准他的胸膛，“嗖”地射出一枝箭来。这弓强劲有力，这箭锋镞锐利，带着风声飞过车辕，穿过鼓架，直逼庄王。庄王手疾眼快，用剑轻轻一拨，那箭射到了铜钲上。子越见一箭未中，又发一箭，这一箭又飞过车辕，直奔庄王面门。庄王略一偏头，箭镞穿透了车盖，射向空中。

楚军见子越的箭厉害，庄王只有招架之功，没有还手之力，就心怀恐惧，准备退却。楚庄王见军心浮动，便心生一计，派身边的卫士到士兵中间，到处高声地喊着说：“我们的先君文王攻克息国，得到三枝利箭，子越偷去了两枝，现在已经全用完了，他的力气也用尽了，快随君王冲杀过去，抓住子越，君王有重赏。”

士兵的勇气被激励起来了，楚庄王擂响了战鼓，命令军队全线出击。子越的家族兵是临时招集起来的，又未经过严格训练，是些乌合之众，见楚军攻势凌厉，个个骁勇，刚一接战就掉头鼠窜，纷纷败退。子越妄图压住阵脚，但兵败如山倒，他哪里制止得住，被杀于乱军之中。楚庄王就势掩杀，把叛军彻底消灭了。

子越是前任令尹子文的侄子，是前任司马子良的儿子。他出生以后，子文去看他，对弟弟子良说：“你看这个孩子，形状像熊虎，声音似豺狼，一定要杀了他。如果不杀，必然会使我们的家族灭亡。俗话说‘狼子野心’，这孩子是一条狼，难道能够养着吗？”

子良很喜欢子越，不同意杀死。子文一直把子越看成一个大祸根，临死的时候，把族人聚集到一起，悲伤地说道：“如果子越一旦执政，你们就赶快逃走吧，不然就都要遭受祸患。”说着流下了眼泪，忧戚地说："我们的祖先将会没人祭祀了。"

子越做了令尹，野心逐渐膨胀，终于发动叛乱，使全族的人都遭到了灭顶之灾。

楚庄王安定了国内之后，就准备向北方扩展势力。在鲁宣公十一年(公元前598年)，陈国大夫夏征舒杀死了国君陈灵公，自立为国君，陈灵公的族人和亲信就起兵反对夏征舒，国内发生了混战。楚庄王认为机会难得，就亲自率兵以平定叛乱为由，攻打陈国。陈国百姓十分害怕，准备逃走。楚庄王派人对陈国人说："你们不要惊恐，我们讨伐的是夏征舒这个弑君的恶人，与你们无关，都退回家中避难吧。"

反对夏征舒的百姓们都纷纷躲藏起来，士兵们也不抵抗，楚军顺利地攻入陈国，抓住夏征舒，把他五马分尸处死了。楚庄王随意灭了陈国，把它改置为楚国的一个县。陈国的灭亡使一些弱小的国家受到震动，纷纷归附楚国。

第二年春天，楚庄王又率兵进攻郑国。郑国是个小国，夹在晋国和楚国之间，两方都不敢得罪，哪一方强大就归附哪一方，动摇于晋、楚之间。楚庄王为得到郑国，作为进攻晋国的根据地，就以郑襄公不肯归顺而侍奉晋国为由，包围了郑国的都城郑城。

郑城的居民到太庙里大哭，请求先君保佑，士兵加紧加固城墙，以防敌人攻入。楚庄王派大军把郑城团团包围起来，连日攻打。郑军坚不出战，只要楚军攻近城下，他们就箭射石击。这样围困了三个月，郑城的箭也用光了，粮也吃尽了，楚军一举攻破城门，杀入城中。

◎ 春秋晚期 蛟龙纹青铜器

郑襄公知道再组织兵力反击已经无济于事，就脱去上衣，裸露肩背，表示服罪。还牵着羊，担着酒，在大路上迎接楚庄王，说道：“我不能承奉天意，又未侍奉君王，以致使君王您带着怒气来到敝国，这是我的罪过，现在我听候您的处罚。您把我俘虏到江南，流放到海边，我听从您的吩咐；您要灭亡郑国，把土地分赐给诸侯，让郑国臣民做奴隶，也听从您的吩咐。如果承您还顾念从前的友好，而不灭绝敝邑，允许我侍奉您，把敝邑看成您的一个县，这是您给予的恩惠了。请君王考虑我这发自肺腑的话。”

楚庄王沉吟着，没有马上回答。左右随从说：“得到的国家没有赦免的，不能答应。”楚庄王心想，郑国还有一定的实力，百姓也未必肯心服，就对左右说：“郑国国君能自下于人，必然能取信于百姓，百姓也会供他驱遣。他既已服罪称臣，就先原谅他吧。”

于是退兵三十里，允许郑国媾和结盟，让郑襄公的弟弟到楚国做人质。

出廓人形环

这年夏天，晋景公得到楚军围郑的消息，就调集军队去救援郑国，任命荀林父率领中军，先縠做副将；士会率领上军，郤克做副将；赵衰的儿子赵朔率领下军，栾书做副将；让韩厥担任司马。晋军到达黄河边上，听说郑国已和楚国媾和，荀林父说：“我们撤兵吧。没有赶上给郑国解围，空劳士卒还有什么用?不如等楚军回国后再攻打郑国也不晚。”

士会说：“我赞成。我听说用兵之道是看准敌人的空隙而突然发动进攻，现在楚军已立稳脚跟，郑国又已归附了它，正士气旺盛，严阵以待，这样的军队是不能进攻的。”

中军副将先縠不同意，说：“晋国所以能做诸侯的领袖，是由于军队勇敢，臣下尽力。现在却会因为不敢作战而失掉诸侯，这不能叫尽力；遇到敌人不去迎战，不能算是勇敢。由于我们的胆怯而丢掉霸主的地位，不如去死。”于是先縠就带领自己所属的部队渡过黄河。

荀林父未制止住，就对大家说：“这部分军队危险了，他们要和楚军作战，必定失败。”

司马韩厥说：“先縠失败，您的罪过就大了。您作为最高统帅，军队不听命令，这是谁的罪过?不如全面进军，争取胜利。”于是荀林父指挥晋军渡过黄河。

楚庄王正率师北上，听到晋军已渡过黄河，就想回师归国。他的宠臣伍参主张接战，令尹孙叔敖却坚决反对，说：“连年作战，士卒已疲惫了，还是回去休整一番为好。”说完，他就回车向南，命令士卒倒转军旗。

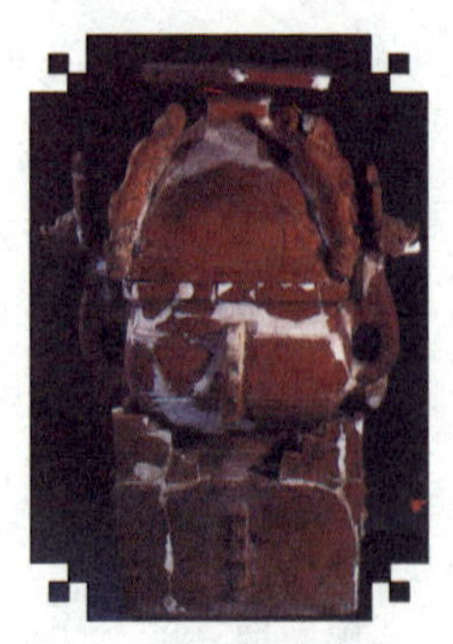

◎ 战国前期 彩绘陶方簋

泥质红陶，掺有少许细蚌壳末。方口，直唇，鼓腹，平底，高方座。器身朱绘卷云纹，鳞纹等图案。制作精细，为仿铜的陶礼品。

伍参对楚庄王说：“晋国参政的是新人，不能行使政令。晋中军副将先縠刚愎自用，不听命令，这次晋军一定失败。而且您是国君，却要逃避他们的臣下，这是国家的耻辱。”

楚庄王听了很不舒服，就命令孙叔敖让战车掉头向北，准备迎敌。

郑国派卿士皇戌到晋军中对主帅荀林父说：“敝国归附了楚国，是为了保存国家，对晋国并无二心。楚军屡胜而骄傲，长久在外而气衰。您要攻击他们，郑军作为后续部队，一定会打败楚军，望您迅速出兵。”

先縠立即表态说：“打败楚国，降服郑国，在此一举。”

下军副将栾书说：“楚军并未骄傲，也未气衰。郑国让子良到楚国做人质，说明楚、郑是亲近友好的。郑国使臣皇戌的话不能听。他劝我们作战，战胜则来归，不胜则投楚，受损失的是我们晋国。”

晋主帅荀林父听部下主战、主和的都有，一时还拿不定主意。

楚庄王派少宰到晋军中说：“我们两国先君曾经友好，共同教导和安定郑国。敝国国君岂敢得罪晋国?请各位统帅不要在这里住得太久了。”

士会准备撤军，就回答说：“郑国不遵循天子的命令，敝国来质问他们，恭谨地拜谢君王的命令。”

先縠认为士会的回答是奉承楚国，就上前说：“敝国国君派臣下们把你们从郑国赶出去，并命令我们：‘不要躲避敌人。’请你就这样回复贵君吧!”

士会立即派副将率领七队伏兵埋伏在敖山之前，又派副将先在黄河岸边准备下船只，以防不测。

楚庄王率兵全面出击，晋军列阵迎战。孙叔敖说：“冲锋，我们要迫近敌人，不要让敌人迫近我们。”于是楚军战车驰骋，士卒猛冲，掩杀晋军。晋军的将领意见不统一，士兵没有斗志，全线溃退。晋军主帅荀林父忙鸣金收兵，说：“先渡过河的有赏。”晋军的中军、下军争相奔到黄河边，抢着上船。先上船的人用刀砍断攀着船舷人的手指，船中的断指多得可以用手捧起来。

晋军的上军没有仓皇溃逃，在士会的指挥下，有秩序地撤退回国。因为他事先在敖山设下伏兵，阻挡住了楚军的追击。中军将领知罃被楚军俘虏了，他是晋军主帅荀林父的儿子。荀林父顾不上儿子就率领部属后撤了，随从们说："去找找您的儿子吧。"荀林父说："无暇寻找别人的儿子，能专为我儿子耽搁时间吗？"晋国已溃不成军，连夜抢渡黄河，混乱了一整夜。

邲地一战，晋军一蹶不振，为楚成王奠定了称霸中原的基础。

历代名家点评

俞宁世曰："天"字、"德"字为关键，"大小"、"轻重"为眼目，笔力高古，议论明快。

又曰：囫囵问个大小、轻重，却从大小分出轻重，洗刷精妙。

成公

元年—十八年

历史背景

鲁成公，名黑肱，宣公的儿子，在位十八年，其元年为周定王十七年（公元前590年）。

在此期间发生三次规模很大、影响全局的战争，即齐晋鞌之战、秦晋麻隧之战、晋楚鄢陵之战，通过三次战争推动了北方诸侯国的分化、组合与晋楚两大势力的矛盾纠葛。

这一时期争霸主要凭借实力，尊王的旗帜不再如齐桓、晋文时期那般有意义。小国对大国的依偎，也主要以实力及对己有利为转移，道义和盟约的约束力大大削弱。各国内卿大夫控制实际权力，君主权利削弱，因而公族与公室的斗争进一步计划和普遍化了。三次战争和诸侯与卿大夫内争构成这一时期历史的基本内容。

晋在邲之战失败后，痛加反省，君臣协力同心，制定复兴霸业的规划。先是灭掉赤狄，赶走白狄，去掉心腹之患。然后准备联合齐国，对付楚国。可是齐为东方大国，对晋楚之争很少介入，对晋主持之盟会也不参加，且多次侵犯鲁、卫等晋之盟国，为联合齐国造成困难。

多年来,晋与秦的关系一直很差，秦、楚联盟从西南两面威胁晋国，晋国也多次谋求和解但均没有进展。而且齐晋鞌之战后，楚国不断向北扩张，中原诸侯多持观望、动摇态度。为进一步打击楚国，使诸侯听命，打破秦、楚联盟，打败秦国，解除西方的威胁，然后再全力对付楚国。为此，晋、秦之战在所难免。晋先与楚达成暂时和解，以孤立秦，又与东方诸侯盟于琐泽。晋先使大夫魏相去秦，宣布精心炮制的与秦国断交的宣言，接着晋厉公会合齐、鲁、宋、卫等八国军队，以绝对优势兵力在麻隧打败秦国，使秦数世不振，解除西部威胁。

麻隧战后，晋与楚矛盾便日渐突出。晋楚之争集中反映在对中原诸国的争夺上。后来晋楚鄢陵之战就是因此而起。

晋鞌之战

◎ 成公二年（公元前589年）

阅读提示

在齐晋两国的战役中，轻敌的齐侯与一心为国的郑丘缓和解张二人形成了鲜明的对比，也正是因为双方对战争的态度迥异，战场的局势发生了改变。

人物

晋景公：春秋时期诸侯之一，晋国的一位君主。晋景公是晋成公的儿子，名叫獳，就是著名的“赵氏孤儿”故事中晋国的君主。

原文

癸酉，师陈于鞌①。邴夏御齐侯，逢丑父为右。晋解张御郤克，郑丘缓为右。齐侯曰：“余姑翦灭此而朝食②。”不介马而驰之③。郤克伤于矢，流血及屦，未绝鼓音④，曰：“余病矣。”张侯曰：“自始合，而矢贯余手及肘，余折以御。左轮朱殷⑤，岂敢言病？吾子忍之。”缓曰：“自始合，苟有险，余必下推车，子岂识之？然子病矣。”张侯曰：“师之耳目，在吾旗鼓，进退从之。此车一人殿⑥之，可以集事。若之何其以病败君之大事也。擐甲执兵⑦，固即死也，病未及死，吾子勉之。”左并辔⑧，右援枹而鼓。马逸不能止，师从之。齐师败绩。逐之，三周华不注。

注释 <<<

①鞌：同鞍。

②姑：暂且。翦灭：消灭。

③不介马：不给马披甲。驰之：驱马追击敌人。

④未绝鼓音：作战时，主帅亲自掌旗鼓，指挥三军，所以郤克受伤后仍然击鼓不停。

⑤朱：大红色。殷：深红色。

⑥殿：镇守。

⑦擐（huàn）：穿着。

⑧并：合在一起。

史纪风云

鲁宣公十七年(公元前590年)春天，晋景公想进一步巩固中原诸侯的联盟，以对付和自己争霸的楚庄王，就派遣大夫郤克为正使、栾京卢为副使到齐国请齐顷公参加诸侯的盟会。

齐顷公的母亲萧同叔子想看一看晋国的使臣，齐顷公就让母亲躲在厢房里，门口挂上帷帘遮住，在里面偷看。郤克是一个瘸子，登上厅堂台阶的时候，更是一瘸一拐，萧同叔子看了觉得很可笑，就憋不住笑了起来。郤克听见从厢房里传出放肆的笑声，认为是嘲笑自己的缺陷，十分愤怒，就暗自发誓："假如不报复这次耻辱，我就不渡过黄河!"郤克没等齐顷公答复，就提前回国了，临行时留下副使栾京卢，让他等候齐国的回音，说道："你一定要让齐顷公参加会盟，不完成在齐国的使命，就不要回国复命。"

郤克回到晋国，立即拜见晋景公，余怒未消地说："齐国太轻视我国了，竟敢让一个女人偷看我，还嘲笑我。对我的侮辱就是对晋国的侮辱，怎么能咽下这口气!请国君派兵去讨伐他们。"

晋景公心平气和地说："我们召请齐国会盟，他们还没说不参加，现在发兵，师出无名，何必树敌呢?"

郤克又说："那就请国君先让我带领宗族的家兵去攻打，这个耻辱一定要报。"晋景公也没有答应。

栾京卢请齐顷公参加诸侯会盟，齐顷公还在犹豫。大夫们说："晋使郤克因为太后笑他而生气地回国，祸患恐怕要由此而起了，国君还是同意参加吧。"

齐顷公认为晋国君臣不讲信用，决定自己不亲自前往，而派高固等四个大夫代表他前去会见。

这年夏天，晋国在断道召集了几位诸侯会见。齐大夫高固听说了郤克的怨恨，怕不利于自己，在半路上逃回国去了。另外三位大夫彼此鼓励着说："如果因为我们不参加，而断绝了国君的友好关系，我们则罪不可赦，所以我们宁肯去死。"于是他们就冒着危险前来。

青铜器

晋国主持的这次会盟，是为了讨伐三心二意的国家。而齐国国君却不来参加，只派了四名大夫，他们就拒绝齐使与会，并逮捕了他们。大夫们劝谏晋景公说："从前各国诸侯都积极前来侍奉我们的先君，好像怕赶不上的样子。现在他们都说晋国君臣不守信用，诸侯也都三心二意。齐顷公就是担心得不到礼遇，而不亲自前来，只派了四位使臣。我听说齐顷公的左右随从曾说：'您不参加会盟，晋国会逮捕我国的使臣。'现在我们果真逮捕了他们，证实了齐人的劝阻是对的。我们应该好好迎接他们，以使前来的使臣对我们感恩。如今我们已经做错了，又不加改正，久久不肯释放他们，这会使诸侯害怕，不利于国君称霸。"晋景公就命人放松了看管，让他们伺机逃走了。

鲁宣公十八年(公元前591年)春天，晋景公想继续保持霸主的地位，但是南边有强大的楚国阻挡着，就想向东发展势力，让齐国屈服。于是就以齐顷公不到断道参加会盟，而派来的使臣又都逃走为由，联合卫国一同进攻齐国，一直打到阳谷。齐顷公知道自己国力不足，不是联军的对手，被迫同晋景公会见，订立了屈辱的城下之盟，让公子强到晋国做人质，晋国才撤兵回国。

齐国、晋国订立了盟约，结为盟国。齐国有了强大的后盾，就要求鲁国屈从于自己。鲁国不肯侍奉齐国，又害怕齐国进攻自己。这年夏天，鲁宣公派使臣前往楚国请求发兵，来个先发制人，对齐国发动突然袭击。

这时恰好楚庄王死了，楚共王继位，楚国忙于治理丧事，无暇顾及国外的事情，所以就没有发兵去协助鲁国。

第二年，鲁宣公也死了，由他的儿子继位为鲁成公。鲁成公年幼，由国卿臧宣叔执政。

翌年春天，齐顷公因为有晋国支持，又想扩大地盘，就统率大军进攻鲁国的北部边境，包围了鲁国的龙城。齐顷公派他的宠臣卢蒲就魁攻打城门。龙城的守军杀出城来，击退齐军，俘虏了卢蒲就魁，并把他囚禁起来。齐顷公派使臣对龙城的守将说："请你们不要杀了我的宠臣，把他放回来。我跟你们盟誓，决不进入你们的国境。"

青铜器

龙城的守将拒绝了齐使的请求，把卢蒲就魁杀了，而且暴尸城上，用来警示齐军。这一下大大激怒了齐顷公和齐军将士。齐顷公亲自擂响战鼓，命令士兵奋勇拼杀。每当齐军冲到城下，城上的鲁军就射下一阵箭雨，齐军死伤一片。但龙城城小兵少，齐军数量很多，到第三天，齐军举着盾牌，握着长矛，像蚂蚁搬家似的涌来，在一个鲁军防守的薄弱处爬上了城墙，杀退了鲁军，打开城门，齐军一拥而入，占领了龙城，随即向南推进。

卫国是楚国和鲁国的盟国，看到齐国进攻鲁国，不能坐视不救，卫穆公就派国卿孙良夫、大夫石稷等前去攻打齐国，两军在卫、齐边境上相遇。石稷看齐军阵容严整，战车众多，就想撤兵。孙良夫制止说："不能退军！遇上敌人就撤退，怎么向国君交待呢？如果事先了解到不能作战，就不应当出兵。现在既然和敌军相遇，就要拼死一战。"

两军杀在了一起，刀光剑影，骇人心魄。卫军不堪一击，准备逃跑。石稷对孙良夫说："我们要顶住敌军，否则会全军覆没。您丧失了军队，怎么回报君命？您是国卿，损失了您，是国家的耻辱。您率领主力撤退，我留下断后，掩护你们。"

孙良夫觉得石稷的话有道理，就带领主力有秩序地撤退。石稷率领自己所属的部队拼力抵住齐军，并派人通告军中："援军的战车已经大批来到，坚持住就会反败为胜。"同时派间谍到齐军中散布援军已来的消息。齐军见卫军停止后退，又摆开阵势准备抵抗，同时听说他们的援军将至，就停止攻击了。

卫、齐一战，卫国战败，主帅孙良夫也不回国都，从边境上直接到晋国去请求救兵。鲁国正卿臧宣叔因齐国占领了大片领土，也到晋国去请求救兵。

郤克是晋国的中军统帅，又主持国政，所以鲁、卫两国的正卿都投奔郤克，恳请他发兵救援，击败齐国。郤克因为曾受到齐顷公母亲的讥笑，余恨未消，就满口答应了，并带他们二人去拜见晋景公。晋景公为称霸中原，不能失掉同盟国，就决定出兵相助，并任命郤克为全军统帅，答应给他派七百辆战车。郤克感到兵力不足，说："请国君给派八百辆战车。"晋景公按照郤克的要求为他配足了战车数量。

郤克亲自统领中军，任命士燮为副将；栾书率领下军，韩厥担任司马，前去救援鲁国和卫国。鲁国正卿臧宣叔前来迎接晋军，并为他们当向导，在前面开路。晋、鲁、卫三国的军队会合在一起，进入卫国境内。

司马韩厥对违反军令的人要处以斩刑，郤克闻讯驾车急驰赶去，打算救下那个人。但是等他赶到时，那人已经被韩厥斩了。郤克就派人把他的尸体拉到全军中示众，对他的御者说："我想用这种做法来承担将士们对司马的指责。我担心尚未开战，先斩己卒，会挫伤了将士的士气。"

齐国连胜了鲁、卫两国，正得意洋洋地撤兵回国，没想到晋国的大军在莘地追赶上了他们，一直追到靡笄山下。齐顷公以得胜之师的态度，派使臣前往晋军向郤克讨战，说："您率领大军光临敝国，敝国的士兵人数很少，请在明天早晨会战。"

郤克立即回答说："晋国和鲁、卫两国是兄弟国家，他们前来告诉我们说：'齐国不分早晚都在我们的国土上抢劫杀戮，蹂躏百姓。'敝国国君不忍盟国受害，特派我等前来向贵国问罪，同时又不让我军长久留在贵国。我们只能前进不能后退，一定接受你方的挑战。"

齐使又说："得到将军的应允，正是齐国的愿望；即使你们不答应，我们也要进攻的。"

当晚，齐国大夫高固单车偷袭晋军，乘其不备闯入阵中，举起大石头砸向晋国士兵，顺势活捉了一个晋军士兵，跳上战车驰出晋营。然后又砍倒一棵大桑树，把树捆在车后，树叶搅起漫天尘土，驱车赶回齐营，又在军营中巡行了一圈，高傲地说道："需要勇气的人可以来买我剩下的勇气。"

第二天，双方在鞍地摆开了战场，列好了阵势。齐顷公亲自担任主帅，让邴夏给他驾车，让逢丑父做他的车右卫士。

晋国这一方面主帅是郤克，解张为他驾车，郑丘缓做他的车右卫士。

天刚刚放亮，太阳还没有升起来。齐顷公对部下说："看我率军出击，先消灭了这些晋军再吃早饭。"说完，也不让士兵给战马披上铠甲，就挥军向晋军阵地冲杀过去。

郤克早已乘着战车立在阵前，晋军都弓上弦、刀出鞘，顶盔挂甲，战马也都披上了犀牛皮的甲衣，严阵以待。两军接战，一场厮杀，戈戟相撞，飞箭如雨，鲜血喷涌，尸体枕藉。郤克被齐军利箭射伤，鲜血都流到了鞋上，但是他仍不停地擂动战鼓，指挥

◎ 西周前期 觥
容酒器，椭圆体，圈足，此器有斗。

将士拼杀。渐渐地他有些支持不住了，轻声说：“我受了重伤。”想返回到营垒中。

驭手解张一边驾车一边说：“从一开始交战，我的手和臂肘就被敌箭射穿了，我可没敢说受伤，您就忍着点吧。千万坚持住！”

卫士郑丘缓说：“从一开始交战，每逢遇到危险，车轮陷住，我一定下去推车。您忙于指挥，大概顾及不到这些吧。”说着，瞥了一眼郤克，见他浑身凝结着污血，又说：“您真是受伤了，不过也要坚持到胜利。”

◎ 春秋时期 青铜箭镞

解张又说：“金声鼓声、指挥的旌旗是军队的耳目，前进后退都要听从它，而这一切都在我们的指挥战车上。这辆战车有一个人坐镇，就可以取得战斗的胜利。您为什么要因为个人受伤而败坏国君的大事呢？身披铠甲，手拿武器，本来就是去死的，您受伤还没有死，就尽力而为吧。”

郤克受到驭手和卫士的激励，又振奋起精神，倚在车前扶手上，挥舞战旗，指挥冲锋。解张左手握着马缰绳，右手擎起鼓槌猛击战鼓，战马扬蹄振鬣，直奔敌阵，全军紧跟着掩杀过去。

齐军的战马都没披铠甲，身上中箭像一个个刺猬，或倒地，或回奔，齐国的部队溃不成军。晋军在郤克的率领下追赶齐军，绕着华不注山转了三圈。

晋司马韩厥是晋军的主要将领之一，按他的职务应当站在战车左边指挥所属部队，中间是驭手，右边是车右卫士。但是昨夜他梦见父亲子舆对他说：“明天出征不要站在战车左右两侧。”所以韩厥就站在中间驾驭战车追赶逃跑的齐顷公。

齐顷公的驭手邴夏在车转弯时看到晋军追来，就对齐顷公说：“射那个驾车的人，他是个君子。”齐顷公说：“认为他是君子而射他，这不合于礼。”就弯弓放箭朝车左射去，车左立时死在车下；又朝车右射去，车右倒在车中。

晋大夫綦毋张的战车被撞坏了，就追上了韩厥的战车，说道：“请允许我搭乘您的战车。”韩厥一招手，他就跳上了战车，准备立在左边或者右边，韩厥用臂肘撞他，让他站到身后。韩厥俯下身子，放稳车右的尸体。就在这时，齐顷公的车右卫士逢丑父和齐顷公乘机交换了位置，继续向前奔逃。快要到达华不注山下的一处泉水的时候，他们的边马被树木绊住不能走了。

逢丑父应当下车解马推车，但是他却做不到了。因为前几天宿营时他睡在车里，有一条蛇爬到他身下，他用手臂去打蛇，手臂受了伤，但他隐瞒了这件事，因此不能用臂推车，就被韩厥追上了。

韩厥拿着马缰绳走到齐顷公的车前，献上美酒和玉璧，说道："请您下车随我走吧。"

韩厥并不认识齐顷公，由于逢丑父和齐顷公交换了位置，逢丑父就装作齐顷公，命令齐顷公下车去打一些泉水，齐顷公就乘机逃走，没有被俘虏。逢丑父被当做齐顷公押到了郤克面前，郤克一见他竟冒充齐顷公，非常生气，就要挥剑杀死他，逢丑父高声喊着说："到现在为止还没有代替国君受难的人，如今在您面前有一个，难道还要被杀死吗?"

郤克收起剑，说道："一个人不怕死来使国君免于祸患，我要是杀了他，有点不仗义。赦免他吧，用来勉励忠于国君的人。"于是就释放了逢丑父。

齐顷公逃走后，恰好遇上他的副车，就乘了上去，命驭手冲入敌阵，寻找逢丑父，左冲右突，三出三进，也没有找到。在残兵败将的保护下回到了国都临淄，对守军说："齐军战败了，你们努力吧。"

郤克率领晋军在后面紧追不舍，如入无人之境，一直攻进齐国的腹地，继续向临淄进军。

齐顷公害怕了，连忙派使臣带上齐国的珍宝、财物和地图献给战胜的几个国家，对使臣说："如果他们不同意媾和，就随他们处置吧。"

齐使来到晋军营中，向郤克献上厚礼，请求媾和，郤克不答应，说道："贵国打算让我们停止进攻，一定要让萧同叔子作为人质，同时要把齐国境内的田垄全部改成东西走向。"郤克认为改变田垄的走向，就会有利于从西部攻入齐国，战车可以顺畅地驰骋。让萧同叔子做人质，是报她的一笑之仇。

齐国的使臣据理力争说："萧同叔子不是别人，是敝国国君的母亲，您一定要人家的母亲作为人质来求得信用，这是用不孝来号令诸侯，恐怕不合乎道德的准则吧！"

郤克低头沉思，默默无语，怒气消了一些，齐使又进一步说："周王分封天下，划定疆界，因地制宜。现在您让齐国的田垄全部东西走向，不顾地势是否适宜，只想自己兵车的方便，恐怕不是周王的政令吧？这怎么能做盟主？"

郤克无言以对。齐使又耐心地说："如果您不灭亡我们的国家，让我们恢复过去的友好关系，敝国决不吝惜财宝和土地。"接着又强硬地说："您如果不肯答应，那么我们就只有收拢残余部队，背靠国都的城墙，再决一死战。如果不幸再战败，我们只有唯命是从了。"

郤克看了一眼鲁、卫两国的正卿，想听听他们的意见，这两人忙上前劝谏："齐国怨恨我们，所以攻打我们。您如果不答应，他们必然更加仇恨我们。如果晋国得到齐国的国宝，我们也得到土地，一场灾难平息了，这荣耀也就很多了。"

郤克不再坚持，答应了齐使的要求，但是他又说："我们率领军队前来，是为解除鲁、卫两国的危难，但是我还要向敝国国君复命，如果敝国国君答应你们的请求，我也就不再说什么了。"

这一年七月，郤克和齐使订立了盟约，齐国表示归附晋国，又把侵占的土地归还了鲁、卫两国。鲁成公设盛宴招待郤克和三军，然后晋军就高唱凯歌回国了。

历代名家点评

林云铭曰：中军将自执旗鼓，言痛极而昏，不能支持，欲退师也。"未绝鼓音"四字直贯到下文问答语毕，盖一面口中说话，一面手中打鼓，气力虽微，音犹未断也。不然，鼓音绝则三军皆止而不进，胜败间不容发，俟语毕再鼓，岂能及乎？作者传神在此，不可错看。

楚归晋知罃

◎ 成公三年（公元前582年）

阅读提示

知罃于宣公十二年，被楚国俘虏，此时知罃的父亲已经被提拔为中军副将，晋国希望能用楚国的谷臣和襄老的尸体换回知罃，面对如此场景，知罃会做出何种抉择呢？

人物

楚共王：楚共王（公元前601年—公元前560年），名熊审，楚庄王的儿子。年幼的时候，由重臣令尹（相当于丞相）子重专政，楚共王六年（公元前585年）发生“子仪之乱”，大夫析公逃到晋国，成为了晋国的谋士。历史上“楚才晋用”的典故，说的就是这段历史。

原文

晋人归公子穀臣与连尹襄老之尸于楚，以求知罃[1]。于是荀首佐中军矣，故楚人许之。王送知罃曰：“子其怨我乎？”对曰：“二国治戎，臣不才，不胜其任，以为俘馘[2]。执事不以衅鼓[3]，使归即戮，君之惠也。臣实不才，又谁敢怨？”王曰：“然则德我乎？”对曰：“二国图其社稷，而求纾其民，各惩其忿，以相宥[4]也。两释累囚，以成其好。二国有好，臣不与及，其谁敢德？”王曰：“子归，何以报我？”对曰：“臣不任受怨，君亦不任受德，无怨无德，不知所报？”王曰：“虽然，必告不穀。”对曰：“以君之灵，累臣得归骨于晋，寡君之以为戮，死且不朽。

注释 <<<

①知罃（zhì yīng）：在邲之战中被楚国俘虏。

②馘（guó）：割下敌方战死者的左耳。

③衅鼓：用血涂鼓。

④宥（yòu）：赦免。

⑤宗：宗庙。

⑥不获命：没有获得国君允许杀戮的命令。

⑦偏师：副帅、副将所属的军队，非主力军队。

⑧致死：献出生命。

若从君之惠而免之，以赐君之外臣首，首其请于寡君而以戮于宗[5]，亦死且不朽。若不获命[6]，而使嗣宗职，次及于事，而帅偏师以修封疆[7]，虽遇执事，其弗敢违。其竭力致死[8]，无有二心，以尽臣礼，所以报也。”王曰：“晋未可与争。”重为之礼而归之。

史纪风云

晋国为救援鲁、卫两国，在齐国的鞍地，彻底击溃齐军，迫使齐顷公割地求和。这一消息传到楚国，震动了朝野上下。

楚庄王在世时曾在邲地大败晋军，迫使中原的一些小国纷纷归附。像宋、郑、陈、蔡、齐、曹、许、卫、薛、郳等一些弱小国家，夹在晋、秦、楚三个大国之间，为了使自己的国家不致于被大国灭亡，只好哪个大国强盛就归附哪个大国，当某一个大国被击败，势力弱下去，它们就归附另一个大国，以求平安。客观形势逼使它们动摇于大国之间，只好朝秦暮楚，摇摆不定，成为大国利益的牺牲品。而三个大国为了争霸，尽到保护盟国的责任，常常互相挑起战争。

楚共王即位之后，由于年龄幼小，由令尹子重辅佐执政。子重对众大夫说：“君王年幼，我们又没有先大夫们的智慧和能力，所以我们更要加倍努力。先君庄王把幼主托付给我们的时候说：‘如果没有德行达到边远的地方，最好是加恩体恤百姓，很好地使用他们，以增加国家的实力。’我们都知道，只有国力强盛，军队人数众多，才能取得战争的胜利，称霸中原。”

楚国的朝廷内外都赞成子重的主张，各尽其职。他们清理户口，免除百姓积欠的赋税，给鳏寡孤独以施舍，对贫困的人予以救济，赦免罪人，又扩大军队，并进行严格的训练。几年工夫，国力大增。

正在这时(公元前589年)，传来鲁成公即位后到晋国接受盟约，脱离楚国，并会合晋军攻打齐国的消息。卫穆公也不派使臣来楚国聘问，却到晋国接受了盟约，也跟从晋国去攻打齐国。齐国是楚国的盟国，楚国不能坐视不救，那样将会失去更多的盟国。于是令尹子重决定出兵救

◎ 鎏金龙凤纹银盘

援齐国，惩罚鲁、卫两国。他调集了全国的军队，连楚王的警卫军也全部出动，还迫使蔡、许两国参战。让蔡景公、许灵公这两位还没有成年的幼主匆匆忙忙举行了加冠礼，随同出征，一个做车左，一个做车右。

这年冬天，千里冰封，万里雪飘，天气十分寒冷。子重率领大军浩浩荡荡地攻进了卫国，卫穆公无力抵抗，只好表示脱离晋国，归附楚国。子重又乘胜率军攻打鲁国，占领了蜀城，又准备进军鲁国都城曲阜。鲁成公闻讯十分惊恐，连忙派大夫臧宣叔到楚军中去求和。臧宣叔认为没有必要去恳求，就推辞说："楚军远离本国而长久在外，本来就要退兵了，让臣下去交涉，是虚受退楚之名。没有功劳而接受荣誉，臣下不敢。"

鲁成公听信了臧宣叔的话，认为楚军会自动撤军，就未再派使臣。子重看鲁国没有降服的意思，还在死心塌地心向晋国，就又出兵攻占了蜀城附近的阳桥。鲁成公害怕子重攻打国都，就派大夫孟孙前去求和。

孟孙带了木工、织工、缝工各一百人，献给楚军，对子重说："贵军远道而来，铠甲、盾牌、战车恐多有损坏，敝国又没有什么珍宝可以贡献，特奉上各种工匠供贵军驱使。"

子重谴责孟孙说："贵国本来是敝国的同盟，可贵君破坏联盟，归附晋国，又做他们的帮凶，因此敝国要前来问个明白。"

孟孙辩解说："先是齐国占领了我们的土地，后是晋国逼迫我们出兵。我国先君宣公曾派使臣到贵国要求友好，但恰遇贵先君庄王去世，不久我国宣公也去世，就没有建立起友好关系。现在敝国国君愿意追随贵国，断绝与晋国的来往。请贵军速速撤军，以免使敝国百姓惊恐。"

子重强横地说："现在的诸侯反复无常，不守信用，你们鲁国用什么做凭信，以取得敝国的信任?除非贵君派一个公子到敝国做人

质，敝人才能撤军，以对国人有个交代。”

孟孙对子重的要求不敢做主，急忙派人回都城请示鲁成公。鲁成公在楚军攻入腹地的威胁下不敢不答应，就决定让弟弟公衡到楚国充当人质，并把他送到楚国军营。子重得到了鲁成公答复的条件，才同意和鲁国媾和。

◎ 镶嵌龙凤纹樽

中原的一些小国看到晋国没有出兵救援鲁、卫两国，秦国也派大夫跟随楚军行动，感到晋国害怕了，不能再依附它，就纷纷投向了楚国。子重就在蜀地召请鲁成公、蔡景公、许灵公等国君和秦、宋、陈、卫、郑、齐等国的正卿或大夫召开结盟会议，共尊楚国为盟主。

子重达到了出征的目的，就带着鲁国公子公衡班师回国。到达宋国的时候，住在客馆里，公衡趁楚军不注意偷偷溜了出来，逃回了鲁国。臧宣叔叹息着说：“公衡不能忍耐几年不安适的生活，抛弃了国家，他的后代一定会遭受祸患的。”

晋景公看到晋国这几年连年征战，虽多有胜利，但军队也大有伤亡，而楚国经过养精蓄锐，力量大增，军队人数众多，就没有出动军队与楚国争衡。

第二年，晋景公把在邲之战中俘虏的楚庄王的儿子公子谷臣和连尹襄老的尸首归还给楚国，要求换回被俘虏的知䓨。这时知䓨的父亲已担任中军的副帅，楚国怕他挑衅寻事，就答应送回知䓨。楚共王送别他时问道：“您大概会怨恨我吧？”

知䓨直率地回答说：“两国交兵，我没有才能，做了俘虏。您没有杀我，让我回国去接受杀戮，这是君王给我的恩惠，怎么会怨恨呢？”

楚共王又问：“那么您感激我吗？”

知䓨不卑不亢地回答说：“晋、楚各为自己的国家打算，希望让

百姓得到平安，双方都释放俘虏，以结成友好。这些事我都不曾参与谋划，又感激谁呢？”

楚共王又追问一句：“您回去以后，将用什么报答我呢？”

知罃毫不掩饰地回答说：“我没有怨恨，您也没有恩德，真不知道该报答什么。”

楚共王紧追不舍地说：“虽然如此，也一定要把您的想法告诉我。”

知罃直言不讳地答道：“我能带着这把骨头回国，如果敝国君王和我父亲不杀戮我，让我带领一部分军队去保卫边疆，一旦遇到您的文武官员，我将尽全力甚至去死，来忠于我的国家，以尽到为臣的职责。这就是我对您的回答。”

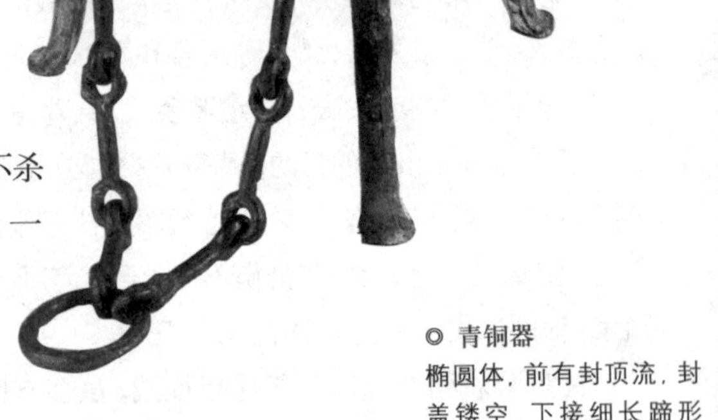

◎ 青铜器
椭圆体，前有封顶流，封盖镂空，下接细长蹄形足。

楚共王连连叹息着说：“有这样的臣下，晋国是不能和它竞争的。”于是对知罃加倍礼遇，放他回国。

晋国表面上和楚国和好，暗中却扩军备战，把军队扩充成六个军，关注着楚国的动静。这时郑国和许国为争夺边境的土地，发生了战争。

晋景公派大夫栾书率领中军去救援许国，攻打郑国。楚共王得知消息，就派大夫子反率军救援郑国。晋国不愿意和楚国直接发生冲突，就让栾书率兵回国。子反召请郑悼公和许灵公到军中进行和解，从中斡旋，让他们退出各自占领的土地。但他们争讼不止，各说各的道理。子反不能判断，就说：“你们二位如果屈驾去会见敝国国君，他会和几位大臣对你们做出公正的裁决，我难以判断你们两国之间的是非。”

许灵公和郑悼公就到楚国去找楚共王评理。楚国偏袒许国，囚禁了郑悼公的弟弟子国等人。郑悼公一气之下回国了，派使臣到晋国要求重新归附，加入联盟。晋景公就召请鲁、齐、宋、卫、郑、曹、邾、杞等国的国君，举行会盟。

不久，宋国又背叛了晋国，投向了楚国。晋国派大夫伯宗、夏阳说等率领诸侯的军队侵袭宋国，驻扎在卫国的铖城。夏阳说要袭击卫国，说："即使不能攻进国都，多抓一些俘虏也好。"

伯宗说："这不行！卫国因为相信晋国，所以联军驻扎在他们郊外，也不设防。如果袭击他们，这是丢掉信用。虽然多抓了一些卫国俘虏，而晋国没了信用，用什么去求得诸侯的拥护？"于是就没有对卫国采取行动。宋国见联军声势浩大，就又表示愿意再加入晋国的联盟，晋军的统帅就让联军各自回国了。

由于郑国又背叛了楚国，跟随了晋国，楚令尹子重又率兵进攻郑国。晋国派栾书率军前往救援，和楚军在蔡国的绕角相遇。子重不愿意因为郑国再与晋军挑起战端，就退兵回国了。

晋军就势袭击蔡国，因为它是楚国的盟国。楚国的公子申和公子成就率领申县和息县的军队赶来救援蔡国，抵抗晋军。栾书准备答应副将的请求，出战申、息二县的军队。韩厥等将领谏止说："不能出战。我们是来救援郑国的，现在楚军主力已经退走，我们却把杀戮转到蔡国头上。这样没完没了地杀戮，又会激怒楚军，作战一定不能得胜。即使战胜，也不是好事。我们六军齐发，仅仅打败楚国两个县的军队，有什么光荣的？假如不能战胜他们，受到的耻辱就太大了，还是回去的好。"

当时将领中要求作战立功的人很多，有人就对栾书说："您是执政大臣，应当斟酌多数人的意见。您的十一个副将中只有三个反对

交战，您应当命令出征。”

栾书说：“这三个人代表了国家和百姓的利益，我听从他们的意见。”于是就从蔡国撤军而回了。

战国时期 云纹玉梳
青色。体扁平，略呈梯形。梳被平直，转角圆滑。厚度至齿口渐薄。二十三齿，尖处薄锐。梳两面均刻云纹和斜线纹。

鲁成公七年(公元前584年)秋天，庄稼成熟了，楚国大丰收，粮足兵精。令尹子重因为郑国总是三心二意，就出兵讨伐，占领了郑国的泛城。晋景公会合鲁、齐、宋、卫、曹、莒、邾、杞等国的诸侯共同出兵救援郑国，誓师于马陵，声势浩大，击退了楚军。郑国的军队俘虏了楚军将领钟仪，并把他献给了晋军。晋军押解钟仪回国，把他囚禁在军用仓库里，一囚就是好几年。

又过了两年，郑悼公死了，郑成公继位。楚国为了拉拢郑国，就派使臣给郑成公送去丰厚的财礼，郑国就同楚国结盟。郑成公又怕得罪晋国，就亲自前往晋国说明理由。晋景公为了惩罚他勾搭楚国，就在别宫会见时逮捕了郑成公。接着派栾书去攻打郑国。

楚国令尹子重发兵攻打晋国的盟国陈国，以救援郑国。

晋景公不想同楚国进行大规模的战争，就释放了囚禁的楚国大夫钟仪，让他回国去求和。

事情原来是这样的。有一天，晋景公视察军用仓库，见到了钟仪，就问守官说：“这个戴着南方帽子而被囚禁的人是谁？”守官回答说：“是前两年在马陵结盟时郑军献来的楚国俘虏。”晋景公就让守官把他放出来，召见并慰问他，然后问他世代担任什么职务，他回答是乐官。晋景公又问：“能演奏乐曲吗？”钟仪回答说：“这是先人和本人的职责。”晋景公让侍从给他拿来一张琴，他就熟练地弹奏了几曲南方音乐。晋景公又问他：“你们的君王怎么样？”钟仪回答说：“他做太子的时候，每天早晨向令尹子重请教，晚上向司马子反请教。别的我就不知道了。”晋景公回到朝堂后对大夫范文子说了钟仪这个人。范文子说："这个楚国的俘虏是个君子啊。让他演奏音乐，他弹奏的是家乡的乐曲，这是不忘故国啊。君王何不把他放回去，让他结成晋、楚两国的友好。"晋景公听从了范文子的意见，对钟仪备加礼遇，送他回国了。

楚国的令尹子重占领了陈国，又从陈国出兵攻打莒国，因为莒国也加入了晋国的联盟。子重包围了渠丘。渠丘的城墙多年失修，已经多处坍塌，难以防守，军民就纷纷逃亡到国都莒城，楚军顺利地进入了渠丘。莒国的侦察兵乘楚军情绪傲慢松懈，偷偷地从城的豁口中潜入渠丘城，抓住了楚国的公子平，带回莒城。子重派人对莒军说："不要杀了公子平，我把俘虏全还给你们。"莒军将领恨透了楚国，对他们恃强凌弱怨愤极了，就杀了公子平。子重率军包围了莒城。莒城的城墙也多处坍塌败坏，莒国军民不击即溃，四处逃散。

晋国对几个盟国遭受侵略没有及时出兵救援，这些诸侯就对晋国产生了二心。秦国和白狄利用这个机会，进攻晋国。

正在这时，郑国大夫公孙申又派兵去攻打许国。公孙申说："我们的国君被晋国拘留，我们就出兵围困许国，装出打算改立国君的样子，晋国必然会放国君回来。"郑国的公子班听说了伪立国君的主意，就乘机立了郑成公的异母哥哥公子繻为国君。公子班的异党杀死了公子，立郑成公的太子繻髡顽为国君，开始搜捕公子班，公子班逃亡到许国避难。

郑国发生争夺君位的消息迅速传到了晋国。这时晋景公已身患重病，卧床不起，根本不能处理政务了，就立太子州蒲为国君，这就是晋厉公，由他主持国政。晋大夫栾书对晋厉公说："郑国又新立了国君，我们现在拘留的郑成公就是一个普通人了，留他有什么用处?不如借此机会攻打郑国，放他们的国君回国，以此再让郑国归附我国，并和楚国和好。"

晋厉公认为这个主意很好，就会合各同盟国的诸侯，由栾书统率大军攻打郑国。郑国刚发生内乱，又听说晋国打算送回郑成公，大家知道不是晋国的对手，都主张向晋国求和。郑穆公的儿子子罕就把郑襄公宗庙中的一口宝钟赠送给晋国。晋厉

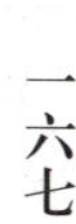

公看到攻伐的目的已经达到，就接受了子罕求和的请求，但要求让郑穆公的儿子子驷做人质。郑国接受了这个条件，把子驷送到晋国。晋厉公就让郑成公回国，同时命令栾书解除对郑国的包围，撤兵归来。

钟仪回国后即去拜见楚共王，向他转达了晋景公表示和好的愿望，楚共王也有和好的意图，就派大夫公子辰前往晋国表示对释放钟仪的谢意，请求重温旧好。晋国用隆重的礼仪接待了公子辰，双方缔结了和约。第二年晋国也派大夫去楚国，表示对公子辰出使的回报。

诸侯间彼此攻伐的战乱，由于大国的和解，暂时又平息了一段时间。

历代名家点评

钱钟书："史家追述真人事实，每需遥体人情，悬想事势，设身局中，潜心腔内，忖之度之，以揣以摩，庶几人情合理。盖与小说、院本之臆造人物、虚构境地，不尽同而可相通。"

鄢陵之战

◎ 成公十六年（公元前573年）

阅读提示

鄢陵之战是一场地位的争夺战，是一场为了权力而拼争的生死之战，战争的孰是孰非总会有一个定论，但历史的演绎却远没有停止。

人物

范文子：名燮，晋国大臣士会的儿子。由于士会在晋国政坛长达四十年的努力，使范氏成为晋国几个强大的家族之一。范文子继承了其父的品德，为人更显敦厚与耿直，更具长者风范。

原文

六月，晋、楚遇于鄢陵①。范文子不欲战②。郤至曰："韩之战，惠公不振旅；箕之役，先轸不反命③；邲之师④，荀伯不复从；皆晋之耻也。子亦见先君之事矣。今我辟楚，又益耻也。"文子曰："吾先君之亟战也，有故。秦、狄、齐、楚皆强，不尽力，子孙将弱。今三强服矣，敌楚而已。惟圣人能外内无患。自非圣人，外宁必有内忧。盍释楚以为外惧乎？"

甲午晦⑤，楚晨压晋军而陈。军吏患之。范匄⑥进曰："塞井夷灶，陈于军中，而疏行首。晋、楚唯天所授，何患焉。"文子执戈逐之，曰："国之存亡，天也。童子何知焉。"栾书曰："楚师轻窕⑦，固垒而待之，三日必退。退而击之，必获胜焉。"郤至曰："楚有六间，不可失也。其二卿相恶，王卒以旧，郑陈而不整，蛮军而不陈，陈不违晦⑧，在陈而嚣，合而加嚣。各顾其后，莫有斗

注释 <<<

①鄢陵：郑国地名，在今河南鄢陵。
②范文子：即士燮。
③先轸：箕之战中晋军主帅。
④邲(bì)：郑国地名，在今河南郑州西北。
⑤晦：夏历每月的最后一天。
⑥范匄（gài）：范文子士燮的儿子，又称范宣子。
⑦轻窕：即轻佻，指军心轻浮急躁。
⑧违晦：避开晦日。古人认为月末那天不适宜用兵。
⑨苗贲(bēn)皇：楚国令尹斗椒的儿子。

心。旧不必良，以犯天忌，我必克之。”

楚子登巢车以望晋军。子重使太宰伯州犁侍于王后。王曰：“骋而左右，何也？”曰：“召军吏也。”“皆聚于中军矣。”曰：“合谋也。”“张幕矣。”曰：“虔卜于先君也。”“彻幕矣。”曰：“将发命也。”“甚嚣，且尘上矣。”曰：“将塞井夷灶而为行也。”“皆乘矣，左右执兵而下矣。”曰：“听誓也。”“战乎？”曰：“未可知也。”“乘而左右皆下矣。”曰：“战祷也。”伯州犁以公卒告王。苗贲皇在晋侯之侧⑨，亦以王卒告。皆曰：“国士在，且厚，不可当也。”苗贲皇言于晋侯曰：“楚之良，在其中军王卒而已。请分良以击其左右，而三军萃于王卒，必大败之。”公筮之，史曰：“吉。其卦遇复，曰：‘南国蹙射其元王，中厥目。’国蹙王伤，不败何待？”公从之。

史纪风云

鲁成公十五年(公元前574年)夏天，骄阳似火，天气燥热。正是农闲的时候，楚共王认为这是作战的好时机，可以征调大批百姓扩大兵源，而又不违误农时，就打算向北方出兵，扩大势力。他的弟弟公子子囊认为时机不成熟，劝阻说：“我国和晋国结盟成为友好国家，还不到三年就背弃盟约，恐怕不可以吧？”

司马子反是个军中好战分子，喜欢炫耀武力、荣立战功，他反驳说：“敌情有利于我就前进，管什么结盟不结盟！郑国原本归附我国，和我们订有盟约，他们新近又和晋国结盟，背叛了我国。这样的国家还能不惩罚吗？不然还会有诸侯听命于我们吗？楚国的霸主地位不就动摇了吗？我看先去教训郑国一顿，晋国也未必就敢轻举妄动。”

楚共王不顾子囊的劝阻，采纳了子反的意见，就让子反调集人马。

当时楚国也有一些大臣不同意出兵，但是是国君首先提出要发动战争，也就不敢再发表反对意见。老臣申叔时已经年老了，就回到自己的封地养老去了，子反主张出战的话传到他耳里，就说：“信用用来保持礼法，礼法用来维护生存。现在子反不讲信用，不守礼法，就要遭受祸难了。”

楚共王亲自率领大军，趁郑国没有防备，一举攻进郑国，但没有向它的国都郑城进军，而是直接向北推进，攻入卫国

的腹地。

郑国看到楚国已向卫国进军，也不去和楚军交战，派大夫子罕率军趁楚国国内兵力不足，直接向南进军，袭击楚国，占领了几座城池。

晋国大夫栾书得到楚军进入郑国后又攻打卫国的报告，认为他们不讲信义，首先撕毁了盟约，就要出兵进攻楚国，加以报复。

司马韩厥制止说："不必出兵，让楚王自己加重罪过，百姓就会背叛他。没有百姓，他靠谁作战？"

于是，晋国没有出兵，静观待变。

第二年春天，又到了春耕的大忙季节，远征的楚军中有许多是临时征调来的百姓，都吵嚷着要回家种田，不然就赶不上农时了，军心一片浮动，产生了浓重的厌战情绪。而卫国仗着离晋国很近，对楚国的态度非常强硬，拒不归附，采取坚守不战的策略，使楚国空耗粮秣，师劳兵疲。楚共王觉得远在卫国，一时又攻不下它的都城，即使灭了卫国，中间又隔着好几个国家，也没法占领管理，就想收兵回国。于是解除了对卫国的包围，把军队都撤回到郑国。

楚共王想早点结束对郑国的战争，双方都各自从对方占领的土地上撤军，就向郑国派出使臣，进行和平谈判。楚共王答应把先前占领的汝水以南的土地完全交还给郑国。郑成公见失去多年的大片土地又回到自己的管辖之下，就同意了楚王的要求，背叛晋国，和楚国结盟。于是楚、郑两国各自收兵回国。

郑国有了楚国做靠山，就向东发展势力，发兵攻打宋国。宋国首战告捷，高傲起来，认为郑国不堪一击，放松了戒备。郑军乘机加以袭击，打得宋军大败，还俘虏了他们的主将和副将，然后驻扎在宋国。

晋厉公得知郑国又背叛了自己，和楚国勾结在一起，而且还发兵

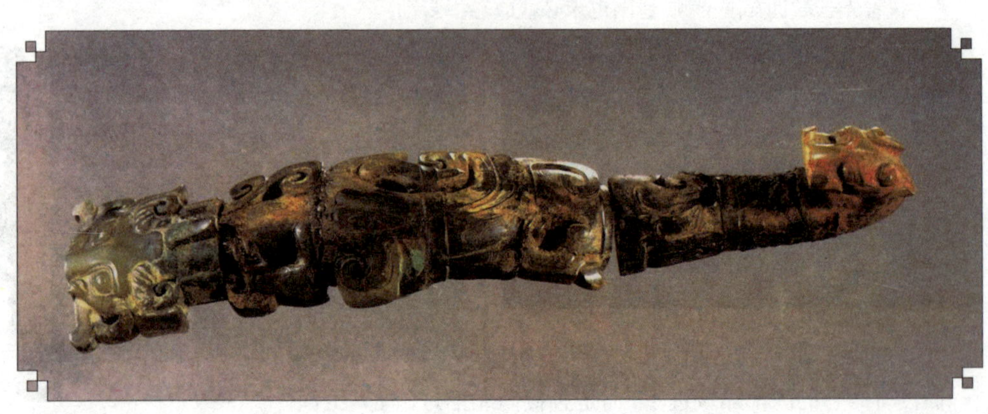

进攻自己的盟国宋国，就准备乘郑国国内空虚，发兵攻打它。大夫范文子认为这时出兵不合适，就劝阻说："郑国已与楚国结成联盟，我们若是进攻它，楚国必然出兵救援，这就必然挑起诸侯间的战争，还是不出兵的好。"

大夫栾书积极支持出战，说道："一定要进攻郑国，不能在我们这一代执政的时候失去诸侯。"

四月份，晋厉公派使臣到卫国，请求卫献公先派兵攻打郑国，同时也派使臣到齐国去请求齐灵公出兵。接着就任命栾书率领中军，范文子做副将；郤锜率领上军，荀偃做副将；韩厥率领下军，郤至做副将。让知罃担任国内留守。一切准备就绪，晋军浩浩荡荡地向郑国进发。

郑成公得到晋国三军齐发的消息，就派使臣急忙赶往楚国报告。楚共王派司马子反率领中军，担任全军的统帅；令尹子重率领左军，右尹子辛率领右军，发兵救援郑国。大军经过申地，子反前去拜访老臣申叔时，向他咨询作战的意见："老大夫，这次作战会如何？"

申叔时直率地说："得民心才能获胜利，讲信用才能得到援助。现在我国对内丢弃百姓，对外断绝友好，亵渎神圣的盟约，说话不讲信用，违反时令发动战争，士兵都为战争的结局担忧，哪有人肯牺牲生命？您好自为之吧，我不会再看到您了。"

郑国的使臣回国述职，郑成公询问楚军的情况，使臣回答说："楚国军队行军的速度很快，经过险要的地方行列不整齐，他们将靠什么作战？楚国恐怕不能依靠了。"

从此郑国失去了战胜的信心。

到了五月，晋军渡过黄河，楚军也即将到来。范文子想要退兵，说："我们假装逃避楚军，这样就能够缓和矛盾，解除忧患。会合诸

◎ 西汉 彩陶乐舞杂技俑
泥质灰陶。长方形平座上塑造二十一人。表演与观赏者成组出现，场面热闹，情态生动。杂技艺术起源于先秦，至汉代大盛，称之"百戏"。

侯这不是我们所能做到的，还是留给有能力的人吧。我们能群臣和睦侍奉国君，也就足够了。”

栾书坚决不同意，说：“不能撤军！出兵就是为了决战，非使楚国屈服不可。”

进入六月，晋、楚两军在鄢陵相遇。范文子不想让军队交锋，只想求和。下军副将郤至积极要求出击，说道：“当年韩原一战，先君惠公失败了；箕地一战，先大夫先轸死于战场；邲城一战，荀林父全军崩溃。这些都是晋国的耻辱，现在我们再逃避楚国，岂不又增加一层耻辱？”

范文子说：“我们先君、先大夫屡次作战，是迫于当时形势。何不放过楚国，以缓和国内矛盾呢？”

◎ 鄢陵之战

栾书等绝大多数将领都反对范文子退让的主张，坚决要与楚军一战。

天刚黎明，东方现出一抹鱼肚白，楚军就逼近了晋军，并摆开了严整的阵势。晋国的军士被楚军的威武震住了，都有些担忧。范文子的儿子范匄快步走上前说：“把井填死，把锅灶平掉，就在军营中摆开阵势，把战车和军卒间的行列放宽一些。晋国和楚国都是上天赐予的，有什么可担忧的！”

范文子听儿子范匄从中插言，觉得这里没有他说话的份儿，就拿起长戈赶他下去，说道：“国家的存亡，全是天意。你一个小孩子跑来乱说些什么？”

栾书作为全军的统帅，知道在关键时刻要稳定军心，鼓舞士气，说道：“楚军轻佻，急于求成，我们只要加固营垒，三天以后他们一定退走。乘他们退兵的时候加以攻击，我们一定会取得胜利。”

郤至补充说：“楚军有六个缺陷，这就决定了他们的失败。一是两个主帅子重和子反不和；二是楚王的亲兵是从家族中选拔出来的，不一定精良；三是郑国的军队虽然摆开阵势却不整齐；四是调集来的蛮族军队不会列阵；五是布阵在月末的日子，不吉利；六是士兵在阵中喧闹。我们将士精诚团结，一定能战胜楚军。”

栾书和郤至的话鼓起了将士的勇气，打消了他们的顾虑，不再那么担心了。

楚王登上楼车瞭望晋军，观察他们的举动。大宰伯州犁懂得兵法，熟悉阵势，子重就让他侍立在楚共王身后，回答楚共王的问题。

楚共王问道：“晋军的战车向左右驰骋，这是在干什么？”

伯州犁回答说：“这是在召集军吏。”

“都集中在中军了，这是做什么？”

“军吏们在一起谋划。”

“晋军的帐幕张开了，这是做什么？”

“这是在先君的神主前占卜。”

“帐幕又撤掉了，在做什么？”

“这是要发布将令。”

“晋军喧闹得厉害，而且尘土飞扬起来了。”

“这是在填井平灶，摆开行列。”

“晋军的甲士都上了战车了，将帅和车右都拿起武器又下车了，这是准备做什么？”

春秋时期 贝币

“这是在听取军令。”

“晋军要开战吗?”

“还不能知道。”

“他们上了战车，将帅和车右这是在做什么?”

“这是战前的祈祷。”

伯州犁根据楚共王看到的情况，把晋景公亲兵的活动一一报告出来。

苗贲皇原是楚国大夫斗椒的儿子，因斗椒发动叛乱被楚王剿灭，苗贲皇逃亡到晋国，被任命为大夫。晋厉公因为他熟悉楚国情况，这次出征时就把他带在身边。他也把楚王亲兵的情况详细报告给晋厉公，并提出自己的见解，说：“楚国的精兵是他们中军的王族，把我们的精兵分开去攻击他们的左右军，一定能大败楚军。”

晋厉公决定采取苗贲皇的战略。

战鼓惊天，杀声动地，箭似飞蝗，兵如蜂拥，双方展开了激烈的白刃战。

前面有一片泥沼地，晋军都或左或右地避开泥沼勇猛冲锋。栾书和范文子带领自己的私族部队从左右两侧保护着晋厉公的战车前进。忽然，晋厉公的战车陷在了泥沼里，驭手拼命地打马，车轮像粘在了泥中似的纹丝不动，车右栾鍼跳下车来推车轮也未推动。栾书急忙赶上来，想让晋厉公乘坐自己的战车。他的儿子栾鍼制止说：“栾书退下。我是国君的车右，保护国君是我的职责。您是三军主帅，要指挥全军作战，如果国君乘载主帅之车，您就是抛弃己责，离开部属，阵势就乱了。”说罢，伏下身子，用肩膀扛着车箱板，掀起战车，离开了泥沼。栾书早已带领全军继续在前面冲杀了，晋厉公的战车紧紧追了上去。

◎ 战国时期 鼎形铜行灯

养由基是楚国著名的神箭手，百步穿杨，百发百中。在开战的前一天，他把铠甲重叠起来，朝它射去，一箭穿透了七层。他把这铠甲拿给楚共王看，楚共王说：“不要骄傲，明早作战你跟随在我身边，好好施展你的武艺吧。”

晋国也有一位神射手叫吕锜，他可以射下一片树叶，从来都箭无虚发。战前的头一天晚上他做了一个梦，梦见自己射月亮，一箭射中，而自己却退到了烂泥里。他就请卜人占卜了一卦，卜人说：“晋君姓姬，姬姓，是太阳；楚王姓芈，属异姓，异姓是月亮。你射中了楚王，自己又退进烂泥里，恐怕会战死。”

吕锜也不管卦辞对己不利，在战场上左冲右突，寻找楚共王。许多楚将和军吏纷纷死于他的箭下。他忽然发现楚共王远远驰来，便照他的眼睛射去一箭。楚王顿时满脸血污，他坚持着没有倒下。养由基急驰过来要加以保护，楚王顺手抽出两枝箭交给他，说道："射死那个射我的人!"楚王用手指着吕锜，咬牙切齿，恨入骨髓。

养由基弯弓搭箭，瞄准吕锜的脖子猛力射去，正中咽喉。吕锜头一垂，伏在弓套上死去了。养由基拿着剩下的一枝箭交给楚共王复命。

晋军主将郤至三次遇到楚共王的亲兵，英勇搏击，杀死杀伤很多楚军。碰上楚王，他一定下车，脱下头盔，快步上前表示敬意。按照春秋时代的礼法，两国交兵，一般不伤害对方的国君，所以郤至要这样做。楚王派使臣给他送去一张弓，表示问候说："当战争激烈进行的时候，我看见一位身穿浅红色军服的人来往指挥，就是您这位战将啊，刚才看到我而快步走，恐怕受伤了吧?"

郤至见到楚使，脱盔致敬，说道："谨向君王报告，我并没有受伤。感谢君王的赏赐，我奉敝国国君之命，参加战斗，一定把楚军赶回国去。"说完跳上战车追杀楚军去了。

晋军主帅司马韩厥挥师追赶郑成公，他的驭手说："看我追上去!郑成公的驭手屡屡回头看我们追上没有，注意力未放在驾车上，一定能追上他们。"

韩厥制止说："不能再羞辱国君了。楚王已被我们射伤了眼睛，已经使他感到羞辱了。"就命令停止追赶。

郑成公乘机逃脱，又遇到了晋将郤至，郤至挥军掩杀，紧追不舍。他的车右说："请您派轻车从小路上迎击拦截，我们追上他的战车，把他俘虏过来。让这个三心二意的郑成公知道我们的厉害。"说着便催促驭手驱马追击。

荷塘小景（二幅）

郤至连忙制止说："伤害国君要受到惩罚。"于是也停止了追赶。

郑成公的驭手石首对郑成公说："我们屡次遭到晋军的追击，是因为战车上竖立着国君的旗帜。应当马上把旗帜收起来，免得暴露目标。"

郑成公已成了惊弓之鸟，立即命令车右把标志旗扯下放进弓袋里。车右催促石首打马冲出重围，果断地说："楚军溃退了，不能再指望他们了。我们在国君身边，要一心保护好国君。我不如您，您带着国君赶快逃离战场，让我留下来。"说完跳下了战车。

石首也不争辩，照战马狠狠地抽了几鞭子，战车飞一样冲出了重围。郑成公的车右左手持盾，右手挥戈，朝涌上来的晋军左撞右刺，杀倒了一片，终因寡不敌众，倒在血泊中。

楚、郑联军见国君一个伤眼，一个逃跑，都无心恋战，也掉头往回跑去。楚军被逼到一个乱石满地的山脚下，没有退路了。楚大夫叔山冉对养由基说："赶快发挥你射箭的本领吧，别让晋军近前。"养由基挽弓搭箭，朝追来的晋军一阵猛射，晋军纷纷倒地。叔山冉看见一个晋军士兵擎着战戟向自己刺来，闪身躲过，就势掐住他的脖子和两腿，高高举起，猛力掷出去，击中了晋军战车，撞断了车前的横木。晋军见这两位楚将非常英勇，就停止了追击，把俘虏的楚国的公子茷囚禁起来。

晋君车右栾鍼远远望见楚国令尹子重的旌旗，对晋厉公说："那是楚军的一个主帅，他正在擂鼓助战，挥旗组织进攻，不能放过他。"晋厉公就挥师出击。

夜幕渐渐降临，天上繁星闪烁，冲杀声、呐喊声打破了原野上的寂静，双方依然在酣战。

楚国司马子反怕黑夜误伤了自己，命令收兵回营，晋军也回军休整。子反派军吏到各军营察看伤情，补充步兵和车兵，修理盔甲武器，排开战车马匹，并告诉全军："鸡叫的时候吃饭，等主帅的命令。"

晋军得知楚司马子反做好了战斗准备，打算做最后的反击，都有些担心，闹得人心惶惶。

晋大夫苗贲皇禀告了晋厉公，晋厉公让他到军中发布通告："检阅战车，补充兵卒，喂饱战马，磨快武器，整顿军阵，杀牛饱餐，虔诚祷告，天明出击。”还让军吏故意放松对楚军俘虏的看管，让他们逃走，以便把晋军的旺盛士气传播到楚军中去。

楚共王听到晋军的这些情况，忙召司马子反来议军情。谁知子反竟喝得酩酊大醉，沉睡不醒，不能前去进见。楚共王长叹了一声，说：“这是上天要让楚国失败啊！主帅沉醉到这种模样，还能指挥军队吗？我不能在这里等着被俘虏。”于是就乘着昏黑的夜色逃走了。楚军见国君逃走，也都纷纷拔营回国去了。

晋军顺利地进入楚军营垒，饱餐楚军留下的粮食，休整了三天。范文子站在晋厉公的车前说：“国君年幼，臣下们不才，我们虽然大获全胜，但还是要警惕啊！”晋厉公也不再追赶楚军，就率师回国了。

楚共王撤退到属国随国的地界，军队临时驻扎在那里休整，就派人对司马子反说：“当年先大夫子玉在晋、楚城濮之战中使楚军覆没，当时先王成王不在军中。现在兵败，不是您的过错，是我的罪过。”

子反拜了两拜叩头说：“君王赐臣下一死，死而无怨。士兵们逃跑，的确是臣下的罪过。”

令尹子重派人对子反说：“当年使军队覆没的先大夫子玉已经畏罪自杀了，这事你大概也有耳闻吧。你打算怎么处置自己呢？”

子反从容地回答说：“即使没有先大夫自杀的事，令尹命令我去死，我也不敢贪生而使自己陷于不义。我是全军的统帅，没有尽到自己的职责，还在军中醉酒，耽误了国君的大事，使军队惨败、国家受辱，我怎么能吝惜一死呢？”

楚共王听说令尹子重派人去责备子反，逼他自杀，就急派人去阻止，但没来得及，子反已经当着子重派来的人的面拔剑自杀了。

晋、楚鄢陵一战，楚军大伤元气。

郑国参加了对晋国的作战，但没有受到重创，所以还是不肯归附晋国。晋厉公就在宋国的沙随会见鲁、齐、卫、宋、邾等国家的国君和正卿，商量进一步攻打郑国。真是一战方停，一战又起。

历代名家点评

林云铭曰：晋为盟主非一日，伐郑讨贰，遇救而逃，失诸侯必矣。奈论厉公之德，免其内忧，未始非福也。文子老成谋国，料事洞如观火。

簋

簋，流行于商至春秋战国时期。主要用于放置煮熟的饭食。簋的形制很多，变化较大。商代簋形体厚重，多为圆形，侈口，深腹，圈足，两耳或无耳。器身多饰的兽面纹，有的器耳做成兽面状。西周除原有式样外，又出现了四耳簋、四足簋、圆身方座簋、三足簋等各种形式，部分簋上加盖。商周时多数簋体形厚重，饰云雷、乳钉等纹饰，少数为素面或仅饰一二道弦纹。春秋时期，簋的铜胎变薄，花纹细碎，有的簋盖铸成莲瓣形。战国以后，簋极少见到。簋是商周时重要的礼器。宴享和祭祀时，以偶数与列鼎配合使用。史书记载，天子用九鼎八簋，诸侯用七鼎六簋，卿大夫用五鼎四簋，士用三鼎二簋。

襄公

元年—三十一年

历史背景

襄公名午，成公之子，定姒所生。在位三十一年，其元年为周简王十四年（公元前572年）。

在这三十多年中，从总的趋势看，仍然以晋楚争霸为主线，中间也掺入了晋齐两国的争斗和诸侯间的攻伐。

晋国经历了厉公被杀的动乱后，贤能的悼公即位，在政策上进行一番改革，对军政要职的人选做了必要调整，使晋国面貌一新，上下同心协力，致力于霸业，八年之中九会诸侯。通过救宋、服郑、联吴、和戎等军事和外交行动，使晋国声威大振，对楚国形成威逼态势。可是，此时周灵王支持齐灵公与晋相争，极大地削弱了晋的势力，使晋楚又成均势。

鲁襄公二十七年，由宋向戌发起的弭兵之会，得到两国响应，而取得成功。此后，以晋楚为代表的南北两大均势集团的对立基本结束，而发生阶段性变化。

这一时期，诸侯与卿大夫之间的矛盾加剧，弑君、逐君的事情时有发生。卿大夫家族间的攻杀更为普遍，总的看君权在不断削弱，权力再分配之争在激烈进行。

祁奚举贤

◎ 襄公三年（公元前570年）

阅读提示 

不管是仇人，还是自己的亲属或是部下，祁奚都是以德行和才能作为举荐人才的标准，同时他也用自己的言行诠释着君子的坦荡。

人物 

祁　奚：字黄羊，又名祁晋大夫，当时任中军尉，春秋晋人。当时人称其“外举不避仇，内举不避亲”。

晋悼公：晋国国君，著名的政治家。即位时年仅十四岁。惩乱任贤，整顿内政，推行法制和军事改革。同时调整对外政策，在执政的十五年中，“九合诸侯”，将晋国霸业再次推至巅峰。

原文 

祁奚请老①，晋侯问嗣焉。称解狐②，其雠也，将立之而卒。又问焉，对曰：“午也可③。”于是羊舌职死矣，晋侯曰：“孰可以代之？”对曰：“赤也可。”于是使祁午为中军尉，羊舌赤佐之。君子谓祁奚于是能举善矣。称其雠，不为谄④；立其子，不为比；举其偏，不为党⑤。商书曰：“无偏无党，王道荡荡⑥。”其祁奚之谓矣。解狐得举，祁午得位，伯华得官，建一官而三物成，能举善也夫。唯善，故能举其类。诗云：“惟其有之，是以似之⑦。”祁奚有焉。

注释 <<<

①请老：告老，请求退休。
②称：推举。
③午：祁午，祁奚的儿子。
④谄（chǎn）：谄媚，讨好。
⑤偏：指副职，下属。党：勾结。
⑥这两句话见于《尚书·洪范》。王道：理想中的政治。荡荡：公正无私。
⑦这两句诗出自《诗·小雅·裳裳者华》。

史纪风云

鲁成公十八年(公元前673年),晋国发生了一场诛臣弑君的变乱,新君晋悼公刚刚继位,而且是个十四岁的少年,正在老臣新官的辅佐下忙于稳定内部。郑国国君郑成公认为晋国没有精力顾及盟国的事情,就抓住这个有利的时机进攻宋国,以扩大自己的地盘。

郑国虽然在鄢陵之战中同楚国一同失败了,但是它及时地撤出了战场,没有损失多少军队,还有一定的军事实力。而宋国在郑国东部,坚定不移地归附晋国,如果晋国攻打郑国,宋国从东面出兵策应,郑国将腹背受敌。

楚国虽然兵败鄢陵,但地大人多,又经过两年的休整,实力得到恢复,想使不肯驯服的宋国投向自己。楚共王见到郑成公约会共同出兵的使臣,就立即答应。两个国君一拍即合,亲自率领军队进攻宋国,占领了大片土地,又一同攻入了宋国重镇彭城。楚共王又把宋国逃亡到楚国的鱼石等五位大夫护送回宋国,让他们管理彭城的政务,把那里的土地封给他们,并用三百辆战车在那里留守,然后郑、楚联军才各自撤回国去。

宋国的司马老佐为拔除楚国安在彭城的这个钉子,发兵攻打彭城。楚国的留守部队把三百辆战车都派出来交战,司马老佐率队冲锋,在战场上英勇拼杀,不幸倒在血泊中。宋军主帅虽然壮烈牺牲了,但是因为是在宋国的本土作战,宋军都十分勇敢顽强,楚军只好退守彭城。鱼石等宋国乱臣怕彭城被攻破,不利于自己,忙派人向楚国求援。楚共王为占有彭城这一战略要地,就命令尹子重率师救援彭城,攻打宋国。宋国的正卿华元亲自到晋国告急,请求晋悼公紧急发兵救援。

这时韩厥已升为正卿,是中军的主帅,掌理国政,就对晋悼公说:“想要得到别人的拥护,一定先要为他们付出劳苦。成就霸业,安定国土,就从救援宋国开始。”

晋悼公虽然还是个少年,但要亲自领兵,以壮军威,在国人中树立威信。晋、楚两军在彭城近郊的靡角之谷相遇,子重看到晋军阵势严整,士气旺盛,觉得不值得为鱼石等牺牲楚国士兵,就率军回国去了。

晋军也不去追赶楚军,直接挥师包围了彭城。彭城本来没有多少军队,楚军原来在这里留守的三百辆战车也随子重一同撤离,彭

◎ 商后期 玉矛
击刺兵器。仿青铜矛形制。

城几乎成了一座空城，又无险可守，鱼石等几个乱臣只好献城投降，晋悼公又把彭城交回到宋国手中。

彭城一战是由郑国挑起的。郑国对晋国总是三心二意，所以晋国决心征服它。

第二年，晋国会合了宋、卫、郲、齐等国的军队，由晋国的中军主帅韩厥和副帅荀偃、中军尉祁奚带领进攻郑国，一直攻到洧水边上。郑国背水布阵，因为这里多是沼泽地，战车容易陷进泥里，没法进行车战。

老将祁奚须发斑白，但精神矍铄，带领部下在前面冲锋。郑军为保卫自己的家园，要把强敌赶出国土，个个精神抖擞，英勇杀敌，戟刺戈击，刀劈剑砍，晋、郑两军展开了一场你死我活的白刃战。鲜血迸溅，染红了荒野；尸体横陈，摆满了战场。郑国军队人数少，渐渐不支，就步步退却，最后都退回国都郑城中去了。晋军在中军尉祁奚率领下，一直攻入郑城的外城。郑军把全部军队都收缩进内城，誓死守卫，等待楚国救援。双方一时相峙不下。

以晋国为首的联军长时间在国外作战，给养供应困难。士卒在野外宿营，已疲惫不堪。主帅韩厥见一时难以攻破郑城，就打算撤兵回国。

正在这时，郑国的使臣飞车赶到楚国，请求迅速发兵救援，不然将会城毁国亡。楚共王知道军情紧急，立即派将军子辛率军前去救援。楚军星夜兼程，不几日便进入郑国地界。

晋军主帅韩厥得知楚国将军子辛带兵前来救援，便命令各诸侯的部队撤离包围，各自回国去了。

郑城的包围解除了，楚国认为这是他们的功劳，就向郑国要求派民伕帮助楚国加固城池，又要求郑国增加贡赋，以供应庞大的军费开支，弄得郑国的百姓苦不堪言。

这时，郑国的国君郑成公身患重病，已经卧床不起，奄奄一息。正卿子驷带领几位卿士前往后宫探望郑成公，子驷站在床榻边，对郑成公说道："我们还是归附晋国吧，楚国对我国的需求太多了，今日要贡赋，明日要民，郑国已不堪重负了。晋国就因为我们不归附，几乎连年对我们发动战争，百姓不得安宁。归附晋国不仅可减轻负担，百姓也能过几天安生日子，国力也会增强。"

郑成公有气无力地对大夫们说："楚共王由于支

持我们郑国，在鄢陵战役中被晋军射瞎了一只眼睛，而且几乎全军覆没。他遭受那么严重的伤害，不是为了别人而正是为了我啊！现在要是背弃他，还有谁来亲近我？我国还是要依附楚国，你们几位不要让我背信弃义啊！”

不久，郑成公就死了，他的儿子髡顽继位，就是郑僖公，仍然由子驷处理政务。

晋悼公认为郑国老君刚死，新君刚即位，忙于办理丧事，就准备乘机发兵进攻郑国。郑国的大夫得知这一消息都有些恐慌，多数主张归附晋国。子驷不同意，说：“先君让我们归附楚国，他尸骨未寒，我们不能改变他的遗嘱。新君在先君下葬后才能颁布新令，那时我们再听新君发布什么命令吧。”

晋国见郑国不肯归附，就派卿士知罃约集鲁、宋、卫、曹、邾等国的卿士到宋国的戚城会见，讨论征服郑国的对策。鲁国的卿士孟献子建议说：“我看可以在虎牢关修建一座城，以此逼迫郑国。”

这虎牢关本是郑国西北边境上的重镇，地势十分显要，当时已被晋国占领。如果在那里修筑一座坚城，派重兵驻守，将会是易守难攻，对郑国就构成了严重威胁。

知罃听罢连声称赞说：“好，好！此计甚妙。这回郑国该乖乖归附我们了。”

知罃又对各国的正卿说：“承蒙各位不远千里前来戚城商讨伐郑的策略，本人十分感谢。但是敝国也给齐、藤、薛等国派去使臣，通知他们与会。齐国竟不派代表来，而藤、薛等小国，近于齐而远于晋，也唯齐之命是听。敝国国君所忧虑的不仅是郑国一国而已，如果楚、郑、齐三国结成联盟，晋国就难以称霸了。我将向敝国国君报告，要求齐国参加筑城，如果齐国答应派人前去筑城，敝国将通告各国，请各国派民伕前去。如果齐国拒绝参加，敝国将对齐国发动战争。请各位暂且回国等候消息吧。”

晋国立即派使臣到齐国请他们派民伕到虎牢关筑城。知罃在戚城说的那番话也早已传到齐国，齐国慑于晋国的压力，只好同藤、薛等国一同派民伕到虎牢关筑城。

虎牢关位于两山之间，四周尽是悬崖峭壁，怪石嶙峋，只有一条小路是郑国西北边境的通道，乃是咽喉之地。各诸侯国派来的民伕就近开山凿石，伐林取木，花了几个月的工夫，筑成了一座坚固的石城，墙高壁厚，上面堆满了滚木礌石，真可谓一夫当关，万夫莫开。各诸侯撤回民伕，又派精兵前来驻守，准备以此作为进攻的根据地，对郑国发动一场大战。

以晋国为首的诸侯国在虎牢关筑城的消息早已飞报到了郑国，郑僖公连忙召集卿、大夫商讨对策。子驷首先发表意见："先君病危时，臣下曾建议归附晋国，从而解除对楚国的负担，但先君不忘楚国的旧情，没有答应。先君归天，晋国乘隙准备发动进攻，但臣下等不能不遵从先君的遗嘱，所以未能归附晋国，以至造成晋国筑城虎牢，大兵压境，构成了一个永久性的威胁。现在国君已即位，是顺是逆，全凭国君裁定。"

郑国的许多大夫也都认为顺晋顺楚各有利弊，分别发表自己的见解，最后的结论是顺从晋国利大于弊，尤其是晋国在虎牢关驻有重兵之后。郑僖公刚刚即位，希望有一个安定的环境，以便巩固君位，得到臣民的拥护。所以郑僖公站起身来严肃地说："从郑国的国力出发，我们还是投向晋国吧，这可使百姓免遭涂炭。哪位卿士前往晋国谈判呢？"

子驷本来就主张与晋国和好，就自告奋勇充当使臣。晋悼公用隆重的礼仪接待子驷，对郑僖公即位表示祝贺，愿意和郑国罢兵息战，重归于好。子驷提出要求说："敝国连年受到战事侵扰，田园荒芜，经济凋敝，百姓贫困。望贵国能加以体谅，减免贡赋和徭役，敝国国君和百姓会不胜感激的。"

晋悼公连忙答应说："就是贵使不提出这些请求，敝国也打算让贵国三年不缴纳贡赋，不出徭役。只要贵国不再投向楚国，三年以后还可根据情况做些减免。"

双方答成了媾和协议，子驷就回国复命去了。

晋国的中军尉祁奚已到耄耋之年，筑完虎牢城，就到朝廷上请求告老退休，说："老臣已经年迈，不能再侍奉国君了，请允许老臣退休到封地休养吧。"

晋悼公说："你为国家屡立战功，该好好歇歇了。不过由谁接替中军尉这一职务更适合呢？"

祁奚回答说："解狐这个人有军事才能，他可以胜任中军尉一职。"

"我听说解狐跟你有私仇，你为什么还要推荐他呢？"

"国君询问的是称职的人选，并不是问臣下的仇人。臣下不能因为私仇而埋没人才。"

晋悼公十分赞赏祁奚的人品，就打算任命解狐为中军尉。不巧解狐得暴病死了，晋悼公就又问祁奚谁还可以担任这一职务。祁奚回答说："祁午可以胜任。"

"祁午不是你的儿子吗？"

"不错。国君询问的是谁能胜任中军尉，并没有问他和我是什么关系。"

这时中军副尉羊舌职死了，晋悼公又问祁奚谁是合适的人选。祁奚回答说："羊舌赤合适。"

"羊舌赤是羊舌职的儿子啊，任命他为中军副尉，是子承父职，合适吗？"

"羊舌赤多年跟他父亲随军作战，学会了布兵列阵，虽然是子承父职，应该是没有什么关系。"

晋悼公就任命祁午做中军尉，羊舌赤为中军副尉。国人对祁奚荐贤都十分称赞，认为他称道自己的仇人并不是谄媚，安排自己的儿子并不是自私，推荐他的副手也不是结党，只有有德行的人才能推举类似他的人。

◎ 鼓钱纹花鸟图样

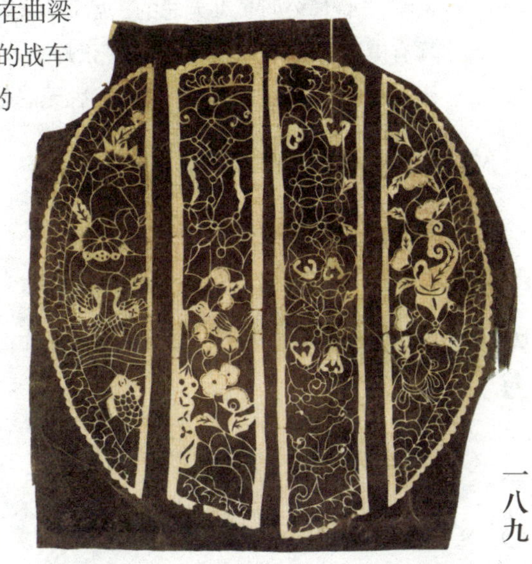

羊舌赤果然有胆有识，敢于直言进谏。晋国在曲梁举行诸侯会盟，晋悼公的弟弟扬干不遵军法，他的战车扰乱了军队的行列，造成军容不整，丧失了晋国的威严。担任中军司马、主管军法的魏绛就斩了扬干的驭手，以示惩戒。

晋悼公为此十分生气，对羊舌赤说："会合诸侯，这是我们的光荣。国君的弟弟却在这种场合受到侮辱，没有比这种侮辱再大的了。你一定要杀掉魏绛，马上去执行！"羊舌赤不同意，进谏说："国君息怒，魏绛没犯死罪。作为司马惩罚违犯军规的人是他的职责。魏绛没有三心二意，侍奉国君不避艰险，有了罪过甘愿受罚。我想他会来辩解的，听了他的述说，国君再下令也不迟。”

话刚说完，魏绛就来了，把亲笔信交给了主管奏事的官员，就准备拔剑自杀，被羊舌赤劝阻住了。

奏事官把魏绛的信呈给晋悼公，晋悼公认真读他的信，信上写道：“国君让臣下担任司马，臣下就要恪尽职责。军人以服从军纪为天职，国君会合诸侯，臣下岂肯容人违犯军纪？今天扬干纵容驭手触犯军法，是臣下事先没有很好地教导全军，以至动用了斧钺，这是臣下的罪过，请把臣下交给司寇惩办处死吧。”

晋悼公读完信，连鞋也没顾得穿，光着脚跑出来，追上魏绛，说：“我先前说的话，是出于对弟弟的友爱；司马的诛戮，是出于执行军法。我对弟弟没能进行教育，而使他犯了军法，这是我的过错。你执行军法是出于公心，是正确的。你不要去死，我已经收回成命了。”

晋悼公认为魏绛不畏权威从严治军，能用刑罚治理百姓，任命他为新军副帅。晋国的臣民、将士把国君知错能改的事传为美谈。

过了几年，正卿韩厥也告老退休了，晋悼公打算立他的儿子韩无忌为正卿。韩无忌患有残疾，就辞谢说：“我没有才能，让给别人做正卿吧。韩起好仁，忠诚谨慎，老实正直，体恤百姓，应该任命他为正卿。”晋悼公听了韩无忌的一席话，认为他在权势面前不争不夺，具有谦让的美德，就任命他做了正卿。

晋国有祁奚、羊舌赤、魏绛、韩无忌等老臣新秀辅佐，国势就更强大了。

历代名家点评

《诗小雅》赞：“言惟有德之人，能举似己者也。”

晏子不死君难

◎ 襄公二十五年（公元前548年）

阅读提示

事情的发展往往都有其偶然性与必然性，崔杼杀死齐庄公，是否是因为齐庄公的昏庸无能先且不论，单从晏子站在崔家门口吊唁齐庄公这一点上，足见晏子是有情有义之人，君臣之情可窥一斑。

人物

晏　子：即晏婴，字仲平，齐国大夫。春秋后期一位重要的政治家、思想家、外交家。晏婴是齐国上大夫晏弱的儿子。以生活节俭，谦恭下士著称。据说晏婴身材不高，其貌不扬。齐灵公二十六年（公元前556年）晏弱病死，晏婴继任为上大夫。历任齐灵公、庄公、景公三朝，辅政长达四十余年。孔子曾赞："救民百姓而不夸，行补三君而不有，晏子果君子也！"

原文

齐棠公之妻，东郭偃之姊也[①]。东郭偃臣崔武子。棠公死，偃御武子以吊焉。见棠姜而美之[②]，使偃取之。偃曰："男女辨姓，今君出自丁，臣出自桓，不可。"武子筮之，遇《困》之《大过》。史皆曰："吉。"示陈文子，文子曰："夫从风，风陨妻，不可娶也。且其繇曰：'困于石，据于蒺藜，入于其宫，不见其妻，凶。'困于石，往不济也；据于蒺藜，所恃伤也；入于其宫，不见其妻，凶，无所归也。"崔子曰："嫠也[③]，何害？先夫当之矣。"

注释 <<<

①东郭偃：崔杼的家臣。
②棠姜：棠公的妻子，东郭偃之姊，姜姓。
③嫠(lí)：寡妇。

遂取之。

庄公通焉，骤如崔氏，以崔子之冠赐人。侍者曰："不可。"公曰："不为崔子，其无冠乎？"崔子因是，又以其间伐晋也，曰："晋必将报。"欲弑公以说于晋，而不获间[④]。公鞭侍人贾举，而又近之，乃为崔子间公。

夏五月，莒为且于之役故，莒子朝于齐。甲戌，飨诸北郭，崔子称疾，不视事。乙亥，公问崔子，遂从姜氏。姜入于室，与崔子自侧户出。公拊楹而歌[⑤]。侍人贾举止众从者而入，闭门。甲兴，公登台而请，弗许；请盟弗许；请自刃于庙，弗许。皆曰："君之臣杼疾病，不能听命。近于公宫，陪臣干掫有淫者[⑥]，不知二命。"公逾墙，又射之，中股，反队[⑦]，遂弑之。贾举、州绰、邴师、公孙敖、封具、铎父、襄伊、偻堙皆死。祝佗父祭于高唐，至，复命，不说弁而死于崔氏。申蒯，侍渔者，退，谓其宰曰："尔以帑免，我将死。"其宰曰："免，是反子之义也。"与之皆死。崔氏杀鬷蔑于平阴。

晏子立于崔氏之门外，其人曰："死乎？"曰："独吾君也乎哉，吾死也？"曰："行乎？"曰："吾罪也乎哉，吾亡也？"曰："归乎？"曰："君死，安归？君民者，岂以陵民[⑧]？社稷是主。臣君者，岂为其口实，社稷是养。故君为社稷死，则死之；为社稷亡，则亡之。若为己死，而为己亡，非其私昵，谁敢任之？且人有君而弑之，吾焉得死之？而焉得亡之？将庸何归？"门启而入，枕尸股而哭。兴，三踊而出。人谓崔子必杀之。崔子曰："民之望也，舍之，得民。"

④不获间：找不到机会。
⑤拊楹而歌：轻轻拍打屋柱唱歌。
⑥干掫（zōu）有淫者：巡夜捕击淫乱的人。
⑦队：同"坠"，坠落。
⑧陵：凌驾，超越。

史纪风云

齐国的晏婴，字平仲，后世尊称他为晏子。他出身于大夫之家，很有才干，虽然年轻，但还是被齐灵公任命为大夫。

晏婴是一个有名的孝子。父亲晏桓子年老多病，经常躺卧在床榻上。家中虽然有众多的奴仆婢妾，但是晏婴一定要亲自为父亲煎熬汤药，并一勺勺地喂下。处理完政事，他常常扶

青铜器

着父亲到庭院中晒太阳。父亲终因百药不能治，死了。他就身穿粗布丧服，头上和腰上系着麻绳，手里拿着竹杖，脚上穿着草鞋，天天只喝稀粥，终日住在草棚里，睡在草垫子上，用草捆作枕头，为父亲守孝。他的家臣总管说："您是一位大夫，何必使自己这么受苦呢？"

晏婴悲痛地说："我不仅是个大夫，我还是一个儿子。父亲活着的时候，我要尽孝；父亲离开的时候，我要尽礼。这是儿子应当做的。"

从此晏婴的孝名传遍了齐国。

齐灵公二十七年(公元前555年)，齐国攻打鲁国，灵公亲自率领军队。后来晋国组织诸侯联军救援鲁国，攻进了齐国。齐灵公退守平阴，见到联军人多势众，就很害怕。晏婴听说了，就对身边的人说："国君本来就没有勇气，又无缘无故地挑起事端，现在一听说对方兵车多，就恐惧起来，恐怕不能坚持多久了。"

后来果然齐军大败，齐国人都说晏婴有预见，了解国情。

◎ 镶嵌三豹纹敦

盛食器，椭圆体，盖与器对称，可分开使用。

齐灵公死后，齐庄公继位。齐庄公三年(公元前551年)，晋国的大夫栾盈因得罪晋平公逃到了楚国，晋平公在商任会合诸侯，要求各国无论栾盈逃到哪一个国家，哪一个国家都要把他囚禁起来，交给晋国。这一年栾盈从楚国逃到了齐国，投奔齐庄公，齐庄公收留了他。

晏婴前去会见齐庄公，劝阻说："国君不能收留栾盈，应当把他抓起来，交给晋国。当年国君参加了商任的会见，也接受了晋平公的命令，现在却违反命令，接纳栾盈，您打算怎么任用他？"

齐庄公回答说："一个外国的大夫遭遇灾难，前来投奔，我怎么能忍心拘捕他？可以暂时不任用他，就让他住在齐国，也没有什么关系。"

晏婴进一步说明不能留下栾盈的理由："小国侍奉大国，重要的是守信用；失去信用，就不能立身立国。国君既然已经答应晋平公，就要信守诺言。请国君认真考虑一下吧。"

齐庄公刚愎自用，根本听不进晏婴的劝谏，连连摇头。

晏婴又退让一步，说："国君即使不拘捕栾盈，也可以让他自己离开，这样也不至于得罪晋国。晋国现在很强大，是得罪不得的。"

齐庄公还是不同意。晏婴只好退下来，告诉大夫陈文子说："做

齐庄公与晏婴

人君的要保持信用，做人臣的要保持恭敬、忠实、信用、诚笃，上上下下都保持它，国家才能安定繁荣。现在国君自暴自弃，我担心他不能长久在位了。”

陈文子与晏婴有同感，两人无可奈何地叹息了一番。

栾盈留在齐国的消息，被晋大夫士丐得知了，就禀告晋平公，晋平公又在本国召集各国诸侯会见，再一次要求各国囚禁栾盈，送还晋国。齐庄公回国后，我行我素，对晋平公的命令置若罔闻，仍然让栾盈住在齐国。

晏婴又去会见齐庄公，强谏说：“国君，祸乱将要起来了，晋国会因为栾盈进攻我们的。或者马上拘捕栾盈，或者马上让他离开，不能再犹豫了。”

齐庄公固执地说：“我一定要听从晋平公的命令吗？你退下去吧。”

晏婴遗憾地退下来，说：“国君将会攻打晋国，这会招来战乱，不能不令人担心。”为此他十分忧愁。

这年秋天，齐庄公不听大夫们的劝阻，率兵进攻卫国，然后又从卫国出发进攻晋国，因为这时晋国发生了内乱。

晏婴对随从说：“国君凭一时之愤，去攻打盟主，如果不胜利，这是国家的福气，因为这可以降低国君不可一世的气焰。没有德行而有功劳，国君会更加嚣张，灾难会降临到他身上了。”于是就去进谏，但齐庄公完全听不进去，还斥责晏婴涣散军心，让他走远点儿。

齐国的大夫崔杼也前去劝谏说：“国君不能进攻晋国。我听说：‘小国钻了大国的空子，还要对它动用武力，一定会遭到灾祸。’国君还是掂量一下吧。”

齐庄公铁了心，一定要报复晋国在平阴对自己的攻击，谁进谏也不听。大夫陈文子去见崔杼，问道：“你打算把国君怎么办？”

崔杼回答说：“我已经劝谏国君了，但是他不听，一意孤行。他把晋平公奉为盟主，又乘晋国内乱而发兵进攻，这会有好下场吗？臣下们若是着了急，心中哪里还会有国君。你暂且什么都不用管了。”

齐庄公就身穿戎装率军进攻晋国，占领了朝歌，又一路攻杀，收集晋军的尸体埋成一个大坟，显示自己的武力。

晋国将军赵胜带领部队拦击齐军，鲁国也派大军前去夹击，齐庄公就撤兵而回了。但是他没有回到国都，而是率军去袭击莒国，挥兵攻打城门，被城上飞来的一枝利箭射中了大腿，就退下来治伤。第二天又准备进攻，莒国国君愿意服从齐国，两国媾和，齐庄公才率军回国。

回国之后，齐庄公又害怕了，担心晋国安定之后会来报复，就打算会见楚康王。楚王就派使臣到齐国聘问，同时约定会见的日期。齐庄公举行军事检阅，请楚国使臣观看，以张扬自己的武力。

晏婴对陈文子说：“齐国将会受到侵犯了。我听谚语说‘玩火者必自焚’，国君不收敛武力，必然危害自己。”齐庄公仍在积极扩军备战。

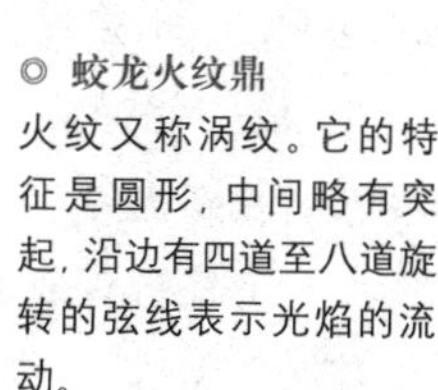

◎ **蛟龙火纹鼎**

火纹又称涡纹。它的特征是圆形，中间略有突起，沿边有四道至八道旋转的弦线表示光焰的流动。

齐庄公六年(公元前548年)春天，崔杼受齐庄公派遣进攻鲁国的北部边境。鲁襄公担心抵挡不住，准备派使臣到晋国求援，鲁国大夫孟公绰对他说：“崔杼有他自己的志向，不在于困扰我国，一定会很快撤兵。您不必担心。我听说他进入我国，不纵兵抢劫，役使百姓也不严厉，和从前不一样。肯定在国内有他自己的计划。”果然不久崔杼就回师了。

先前，崔杼部下东郭偃的姐姐棠姜嫁给大夫齐棠公，不久棠公死了，崔杼前去吊唁。崔杼见到棠姜，被她的美艳吸引住了，就想娶过来。东郭偃拒绝说："男女成婚要区别姓氏。您是丁公的后代，我是桓公的后代，我们都姓姜，前人早告诉我们同姓之间不能嫁娶，所以您是不能娶棠姜的。"

崔杼迷恋上了棠姜，就去找太史占卜，太史惧怕他权势，就顺水推舟地说"吉利"。崔杼还不放心，就去找陈文子看卦相。陈文子说："这卦凶险，意味着会使人受伤。"

崔杼一心要娶棠姜，就对陈文子说："她是寡妇，这对她有什么妨碍?她死去的丈夫已经承担过凶兆了，对我也没有什么伤害。"就把棠姜娶进府中。

有一天，齐庄公到崔杼府上去赴宴，棠姜在旁边侍奉。齐庄公看她眉如蛾须，眼似点漆，桃腮粉嫩，樱唇绽红，一笑露出雪白的牙齿，出现两个浅浅的酒窝，魂儿立时被勾了去，两眼直勾勾地盯着她，酒杯举在空中，僵住了似的，连崔杼敬酒都没听见。

齐庄公是个荒淫无耻的国君，后宫里住满了嫔妃美女，他还觉得不够，又惦记上了棠姜。第二天，他有意派崔杼到外地去办一件公务，自己就乘机溜进崔杼府中，同棠姜勾搭上了。从此，齐庄公就经常到崔家去，和棠姜私通。

钩连云纹玉灯
此物由三块玉雕琢结合为一器。圆盘，浅腹。造型优美，工艺精湛。

有一次，齐庄公又到崔杼府上私见棠姜，幽会完了，他见几案上有一顶崔杼的帽子，顺手拿走，赏赐给在大门外侍候的一位甲士。甲士说："这不合适吧，国君。若是让崔大夫看见了，他会不满意的。"

齐庄公满不在乎地说："赏给你你就戴，用崔杼的帽子跟用别人的帽子没有什么两样。"

崔杼看见有个甲士戴他的帽子，也知道了齐庄公和自己的小妾棠姜私通，由此怀恨在心；又因为齐庄公乘着晋国有内乱而去攻打晋国，他的劝谏未被采纳，知道晋国会来报复，就想杀死齐庄公来讨晋国的欢心，但是一直没有找到机会。

齐庄公有个贴身侍者叫贾举，贾举有一次因侍候庄公不周到，惹得齐庄公无名火起，把他鞭打了一顿。贾举对齐庄公心存怨恨，崔杼就给他重金，和他勾结起来，让他为自己寻找杀死齐庄公的机会。

这年五月，莒国国君因为上次战败，到齐国朝见，齐庄公在北城设宴招待他。崔杼推说有病，不能前去，事先在家中埋伏下甲士，做好杀死齐庄公的准备。

齐庄公宴罢，天已黑了，乘着酒兴就去问候崔杼，乘机又和棠姜混在一起。棠姜借口要进内室取件衣服，躲在内室的崔杼一把拉住棠姜，二人从侧门溜了出去。齐庄公等了一会儿不见棠姜出来，就敲着柱子唱歌，催促棠姜快些出来。国君的随从听见歌声要进房中看看，侍者贾举堵在门口，禁止他们进来，随后闪身进屋，关上了大门。

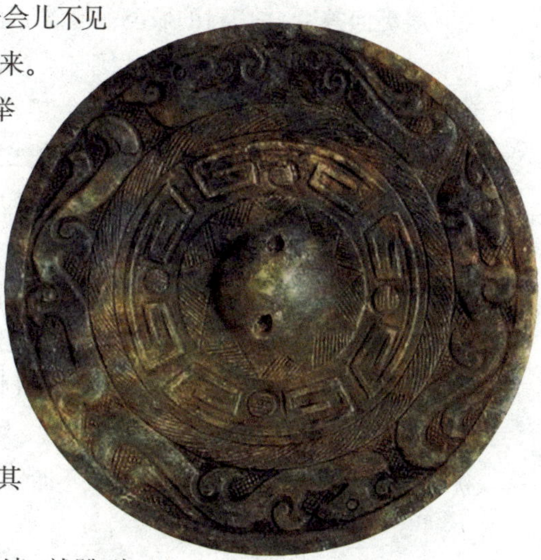

埋伏在廊下的甲士一拥而出，向齐庄公杀来，齐庄公冲进庭院，登上高台，请求免他一死，领头的不答应。甲士们一起说："国君的大夫崔杼病势沉重，不能亲自来听取您的命令。这里靠近国君的宫殿，我们奉主管官员之命巡夜，搜捕淫乱的人，不知道还有其他的命令。"

齐庄公看到高台旁边就是一道临街的高墙，就跳到墙上，甲士随即射来一箭，射中了他的大腿，掉在墙里，甲士拥上去杀死了他。贾举也被杀死了。

喊杀声在夜间传得很远，惊醒了正在酣睡的晏婴，听说崔杼在府中发动叛乱，杀死了国君，急忙带着几个随从向崔杼家中奔来。寻找到齐庄公的尸体，晏婴前额枕在庄公的大腿上放声大哭，爬起来又跳着脚哭了一阵子，才由随从扶着走回去。

有人对崔杼说："一定要杀了晏婴。"

崔杼说："晏婴是百姓仰望的人，放过他，可以得到民心。"

齐庄公有个同父异母的兄弟，崔杼立他为国君，这就是齐景公。崔杼自封为国相，又封大夫庆封为左相。把大夫们召集起来，到姜太公的庙中盟誓，说道："有不亲附崔氏、庆氏的，杀无赦。"

晏婴仰天长叹一声说："我如果不亲附忠君利国的人，将受上天的惩罚。"于是大家就歃血为盟。

两年以后，崔杼的几个儿子争夺继承人，发生了内乱，庆封带兵平息了叛乱者，夺取了崔氏的家财，崔杼上吊而死。庆封掌握了齐国的大权。不久，庆封家族也发生了内乱，庆封先逃到鲁国，后流亡到吴国。

齐景公经过崔氏、庆氏两次动乱，看准了在大夫中只有晏婴忠诚、贤明，要重用他，封给他六十个城邑，晏婴没有接受。

大夫子尾说："富贵是人们所需要的，您为什么偏偏不要？"

晏婴回答说："庆封的城邑多得满足了他的欲望，所以也造成他的逃亡。我原有的城邑不能满足欲望，把那六十个城邑加上，欲望就满足了。欲望满足了，离逃亡就没有几天了。逃亡在外就连一个城邑也没有了。我不接受六十个城邑，不是讨厌富有，而是害怕失去富有。"

齐景公又赐给子尾城邑，子尾先是接受了，后来仔细琢磨晏婴的话，认为很有道理，就把城邑全部退还了。齐景公认为晏婴和子尾都很忠实诚信，对他们十分信任。

战国时期 玉璧

个体较大，厚薄均匀，排列有序。外环边沿上有六个分布均匀的小孔，造型新颖，制作规整。

齐景公要为晏子更换住宅，对他说："你的住宅靠近市场，低湿狭窄，尘土飞扬，又喧闹嘈杂，简直不能住。给你换到高爽的房子里去。"

晏婴辞谢说："我这里靠近集市，早晚能买到需要的东西，对我很方便，怎么敢麻烦国君给我盖新房子？"

齐景公笑了笑说："你靠近集市，知道货物的贵贱吗？"

"我常买东西，怎能不知道呢？"

"什么贵，什么贱？"

"假肢贵，鞋子贱。"

当时齐景公滥用刑罚，所以晏婴专门提到有卖假肢的，齐景公因此而减轻了刑罚。

齐景公乘晏婴出使国外，为他建造住宅，拆毁了一些邻居的房子，扩大晏子的新居。等到晏婴出使归来，房子已经盖好了。晏婴向齐景公拜谢以后，就命人拆毁了新房，给邻居建造房屋，都按照邻人原来的样式，请老住户回来住，并对他们说："俗话说，不必择屋，却要择邻。你们都是我的老邻居，把你们撵走是不对的。我能违背古代的礼法吗？"

齐景公十六年(公元前532年)，齐国的栾氏、高氏、陈氏、鲍氏等几个家族都想争夺管理国政的权力，发生了武装冲突。栾氏、高氏想抢先得到国君的支持，就去攻打宫门。

晏婴穿着整齐的朝服站在宫门外面，守护着宫殿。四个家族的人召见他，他都不去。

他的随从问他："帮助陈氏、鲍氏吗？"

晏子说："他们有什么值得帮助？"

"帮助栾氏、高氏吗？"

"他们能胜过陈氏、鲍氏吗？"

"那么回去吗？"

"国君遭攻打，回到哪里去？"

齐景公把晏婴召进宫去，然后派军队征剿，在城内一场激战，栾氏、高氏败北，就逃亡到鲁国。陈氏、鲍氏分了他们的家产。

晏婴对陈桓子说："一定要把栾、高的家产交给国君。"

陈桓子敬仰晏婴，相信他的话，就把瓜分的家产交给了齐景公，并请求告老退休。

齐景公在即位的第二十六年(公元前522年)患了疥疮和疟疾，一年多没痊愈。有的大夫建议杀了主管祭祀、占卜的祝固、史嚚，以敬谢鬼神。齐景公听了很高兴，就告诉晏婴，晏婴说："国君的贵恙与祝、史无关，他们都诚实地向鬼神陈说实际情况。关卡横征暴敛，大夫强买货物，宫中宠妾在集市上肆意掠夺，宠臣在边境上假传圣旨。百姓在困苦之中，天天都在诅咒。这是国君患病的根本原因啊。"

一番话说得齐景公心里亮堂起来，精神也好多了。他立即下达命令，让官吏放宽政令，毁掉关卡，废除禁令，减轻赋税，免除对公家的陈年积欠，压在百姓身上的担子减轻了。

晏婴历仕齐国灵公、庄公、景公三朝，克己奉公，是春秋时有名的贤相。

历代名家点评

唐人刘知几在评论《左传》这种叙事方法时说："夫当时所记或未尽，则先举其始，后详其末，前后相会，隔越取同。"（《史通·模拟》）所谓"前后相会，隔越取同"就是突破《春秋》的时序意识，从始和末寻找对所记述事实的理解。

昭公

元年—三十二年

历史背景

昭公，襄公的儿子，齐归所生，在位二十五年，因逐季孙失败而逃离鲁国，在齐晋两国寄居八年，死于晋之乾侯，合计在位三十二年。其元年为周景王四年(公元前541年)。

这三十多年表现了春秋后期的特点，即各国间或各大军事集团间的争战，转变为相对和平时期。这一时期北方仅有小规模零星的冲突；南方吴楚间的战争则较为频繁。各国内部矛盾激化，斗争激烈，与之相应的社会改革也较为普遍。

鲁国权力主要掌握在“三家”，并逐步集中到季孙手中。季孙一面对外扩张，一面对内专权，压制其他家族，并与鲁公矛盾日益尖锐。二十五年，鲁公在公若等人的支持下讨伐季孙。季平子提出三条请求，皆未获准，后来叔孙出兵救援，鲁公兵败，逃往齐国，后来又逃去晋国。

晋国的实力与威望已大不如前，勉强维持霸主的地位。

楚国公子围杀君自立为灵王，此人骄横狂妄，会诸侯于申，还想侮辱晋使，筑章华台，让诸侯去祝贺，诱杀蔡侯，灭蔡，并对吴用兵，搞得国内极为紧张，后被杀。公子弃疾在争位中获胜，即位为平王，推行了一些新措施，使得民力得以生息，国力有所增强，但由于听信费无极谗言，杀伍奢，逼走太子建，又急于对吴用兵，使楚国又动荡起来。

晏子说“公弃其民而归于陈氏”，此种局面不限于齐、鲁，在各国都普遍存在。

处于中原核心位置的郑国，这一时期由于子产当政，实行一些改革措施，并能正确分析形势，利用矛盾，做出正确决策，使处在大国夹缝中的小国，能稳定地生存和发展，使诸侯不敢轻视。子产能较好地处理内政，又能在晋楚这样的大国面前敢于据理力争，毫不退让，并能根据情况适当妥协，为郑国争得利益。

伍员谏许越平

◎ 哀公元年（公元前494年）

阅读提示

春秋末期吴国的兴亡，伍子胥起到了举足轻重的作用。他的治国用兵，以务实为宗旨。他的谋略与远见卓识在疲楚的策略中得到了集中的体现。

人物

伍　员：名员，字子胥，春秋时楚国人。春秋末期吴国的大夫，军事家、谋略家。

勾　践：春秋末越国国君。有一副对联曾这样写道：“有志者，事竟成，破釜沉舟，百二秦川终属楚；苦心人，天不负，卧薪尝胆，三千越甲可吞吴。”这副对联，前一句说的是项羽，项羽破釜沉舟，最终以少胜多，大败秦军，成了上将军。后一句讲的是勾践忍辱负重，卧薪尝胆，最终打败吴国，报了会稽之耻的故事。

原文

吴王夫差败越于夫椒[①]，报槜李也[②]。遂入越。越子以甲楯五千保于会稽[③]，使大夫种因吴大宰嚭以行成[④]。吴子将许之，伍员曰：“不可。臣闻之‘树德莫如滋，去疾莫如尽’。昔有过浇杀斟灌以伐斟鄩，灭夏后相[⑤]，后缗方娠，逃出自窦，归于有仍，生少康焉。为仍牧正[⑥]，惎浇能戒之[⑦]。浇使椒求之[⑧]，逃奔有虞，为之庖正[⑨]，以除其害。虞思于是妻之以二姚[⑩]，而邑诸纶，有田一成[⑪]，有众一旅[⑫]。能布其德，而兆其谋，以收夏众，抚

注释 <<<

①夫差：吴王阖庐的儿子。

②槜(zuī)李：越国地名，在今浙江绍兴北。

③越子：越国国君勾践。甲楯：指全副武装的士兵。楯，同“盾”。

④嚭(pǐ)：伯嚭，伯州犁的孙子，吴国的太宰，楚国人。

其官职，使女艾谍浇，使季杼诱豷⑬。遂灭过、戈，复禹之绩，祀夏配天，不失旧物。今吴不如过，而越大于少康，或将丰之，不亦难乎！勾践能亲而务施，施不失人，亲不弃劳。与我同壤，而世为仇雠。于是乎克而弗取，将又存之，违天而长寇雠，后虽悔之，不可食已。姬之衰也，日可俟也。介在蛮夷，而长寇雠，以是求伯，必不行矣。”弗听。退而告人曰：“越十年生聚⑭，而十年教训，二十年之外，吴其为沼乎！”三月，越及吴平。

⑤夏后相：夏朝的国君，夏朝第五代君主。
⑥牧正：管理畜牧的官。
⑦惎：忌恨。戒：提防。
⑧椒：浇的臣子。
⑨庖正：管理膳食的官。
⑩二姚：指有虞国君虞思的两个女儿，虞是姚姓国，所以称二姚。
⑪成：十平方里为一成。
⑫旅：五百人为一旅。
⑬豷(yì)：浇的弟弟，戈国国君。
⑭生聚：养育人民和积聚财富。

史纪风云

位于现在浙江一带的越国，在春秋末期逐渐强盛起来，对吴国向北方扩展势力构成了严重的威胁。吴王阖庐攻打楚国的那一年，越王允常曾乘吴国空虚率军攻入过吴国，阖庐对此一直怀恨在心。

越王允常病逝，他的儿子勾践继位的那一年(公元前496年)，阖庐以越国曾经进攻吴国为理由，率领水陆两路大军，向越国宣战，攻入越国境内。

消息传到越国都城会稽，越王勾践亲自率领部队在槜李摆开了阵势。吴军赶到这里也布下了战阵，勾践见吴军阵势严整，就派出敢死队，向吴军冲锋。

越国将领灵姑浮越战越勇，率先冲到阖庐的战车下，挥戈刺死了阖庐的车右，又朝阖庐猛击一戈，阖庐用剑力挡，戈顺势而下，击中了阖庐的大脚趾，鲜血染红了车轮，一只鞋掉到了地上。灵姑浮下车捡鞋，好作为战利品报功。阖庐的驭手乘机赶马，奔回吴军中。阖庐知道大势已去，急令鸣金收兵，退出槜李七里地，他就死在了战车上。吴将见国王战死，就率军回姑苏去了。

阖庐的儿子夫差立为国王，为父亲办完了丧事，暗暗发誓一定要替父王报仇。他派人站在庭院里，只要他出去进来，那人就一定要问他：“夫差，你忘记越王杀了你的父亲吗？”

◎ 战国时期 兽面纹玉琮
青色。两端做圆圈形口，外周四面呈正方形，中心有圆穿孔。每面阴线刻兽面纹。

夫差一定要回答："不敢忘记!"时时提醒自己记住对越国的深仇大恨。

吴王夫差加紧招募士卒，演练阵法，打造战车，磨砺兵器，经过三年的准备，训练出一支勇敢善战的部队。夫差亲自率军一直攻入到夫椒，勾践领兵抵抗。夫差率领的是复仇之师，战士们都要洗雪三年前在槜李兵败的耻辱，个个都拼了命似的。越军曾大败吴军，认为他们不堪一击，都未提高警惕，结果被打得大败，四处溃逃。

勾践聚集逃散的士兵，共有五千人，退守会稽山，在那里安营扎寨。夫差又率兵包围了会稽山。

吴军声势浩大，有一举踏平会稽山的架势。勾践十分恐惧，就召集群臣商讨对策，想保全越国。

大夫文种献策说："现在吴军装备精良，人数众多，又刚刚打了胜仗，士气正旺，不可与他们交战，如果出击必遭覆没。"

勾践沮丧地问："文大夫说该怎么办?"

"只有屈膝求和。"

"夫差誓报父仇，他肯和吗?"

"我听说吴国的太宰伯嚭是一个贪得无厌的人，给他送上重金厚礼，让他在夫差面前多进美言，或许能够成功。"

"已经火烧眉毛了，也只好这么办。现在就派你做使臣，前往吴军营中谈判。只要能保存孤王，保存越国，什么条件都可以答应。"

勾践把价值连城的瑰宝和大量财物准备齐全，让文种装上车，带到吴军中去。

文种先去拜见伯嚭，把国宝、黄金摆满了军帐，然后深深施一礼，说："敝国战败了，越王派我前来慰问太宰，区区薄礼，不成敬意，望太宰笑纳。"

伯嚭见这么多金银财宝，早已垂涎三尺，却故意装作不屑一顾的样子，鄙夷地说："你拿这么点东西来贿赂我吗，你也太小瞧我这个太宰了。越国灭亡，只在旦夕之间，到那时整个越国都是吴国的，什么财宝都归我们所有，谁在乎你们这几件玩艺儿?"

“太宰此言差矣，越国灭亡您能得到什么好处？您现在已经位极人臣，官职已做到最高位，还能再升官吗？越国的财物确实都被吴国占有，可是吴王赏赐到您名下的又能有多少？不过是些残渣剩饭罢了。”

“你前来送礼，对我有什么要求？”

“越王派我前来求和，请太宰在吴王面前多美言几句，事情办成了，越国不会忘记太宰的大恩，每年都会前去孝敬您。”

重财动人心，何况伯嚭是个贪婪的人，他立即收下珍宝，答应带文种去见吴王夫差。

第二天，伯嚭带领文种去拜见吴王，献上了勾践亲笔写的降书，说：“敝国愿意停息战争，甘愿降服。以后每年都按时缴纳贡赋，听候差遣。贵国想要大兴土木，敝国一定按君王的要求，派去民伕。”

夫差摇着头，不同意。说：“勾践退守孤山，他的性命已经握在我的手中了，我即使不杀他，他也只是个阶下囚，只配做我的奴隶。我吞并了越国，越国所有的东西都归我支配，哪里在乎你们的贡赋？越国的百姓，都是我的臣民，随时听我的调遣，何须你们派来？回去告诉勾践，让他绑着两手前来服罪，我或许开恩饶他不死。”

伍员

文种上前一步，内刚外柔地说：“会稽山上还有五千甲士，都城之外尚有溃散的越军正在集结，全国的百姓正在等待越王的命令，保卫自己的家园。您要交战，越国的军民不会束手就擒。即使您占领了都城，也不能灭亡越国！”

夫差沉吟着，没有立即作答。伯嚭懂得拿人钱财、替人消灾的道理，急忙上前对夫差说：“依臣下看，还是允许越国投降为好。士兵久居外国，多有思乡情绪，无心再战。他们都想解甲归田，回乡耕种。

因为家中只剩下妇女老弱，担心田园荒芜，明年就会断了口粮。我们已经教训了勾践，他也表示臣服，我们就可腾出手来，进兵中原，以成就君王的霸业。”

夫差的决心有些动摇了，但是一时还拿不定主意，让文种先退下，容自己再考虑考虑。

吴国大夫伍员有勇有谋，富有远见，曾协助阖庐攻占楚国的郢都，很受吴国人的敬重。他听说越国派文种前来求和，吴王正在犹豫，就去会见夫差，进门就说：“听说勾践派来求和的使臣了？”

“有这回事。”

“君王打算怎么办？”

“我打算允许他们求和，不过越国投降的条件要完全由我们来提出。”

“不能答应勾践投降，一定要灭了越国。越国在我们南边，我们要进兵中原，他们可是后患。一定要俘虏勾践，决不能动摇。”

“可是这要血战一场啊，又会伤亡很多兵卒，我们的军力就弱了。”

“越国和我们接壤，共同占有五湖三江，但世世代代是仇敌。俗话说：‘机不可失，时不再来。天予不取，反为之灾。’君王下决心吧！”

“伍大夫先下去吧，让我再仔细想想。”

伍员刚刚退下，伯嚭就进来了，把文种对他说的话又反反复复地说了几遍，夫差终于被伯嚭的花言巧语说服了，同意越国求和。

伍员闯到夫差的房中说：“君王忘记了杀父之仇吗？”

夫差哑口无言，想了一想，说道：“当年伍大夫为报父兄之仇，攻进郢都，最后不也没灭了楚国吗？现在要想灭掉一个国家谈何容易？既然勾践已经顺服，就让他称臣纳贡算了。不必再谏，下去吧。”

伍员回到自己的营帐连声叹息，对随从们说：“越国十年生聚，十年教训，二十年后，吴国的宫殿恐怕就要变成废墟了。不过到那时老夫也早已朽烂了。你们年轻，就等着瞧吧。”

后来，夫差又想进攻齐国，伍员多次劝谏，可夫差就像是鬼迷心窍，对伍员的金玉良言一点儿也听不进去，立即派伍员为使臣，到齐国去下战书。伍员带着儿子去了并把他托付给齐国大夫，然后回国复命。

吴王听说伍员把儿子留在齐国，十分生气。吴王对伍员的屡次强谏早就心怀不满，不想让他再在身边啰嗦，就以此事为借口，派人

跽坐人漆绘铜灯

此灯由跽坐人、灯架和灯盘三部分分铸铆接而成。跽坐人偏髻、束冠、身着长袍，腰系宽带，以带钩扣合，两臂平伸，手握丫形灯架，架上托环形灯盘，盘内设烛座三个，整体髹漆尽脱。

给他送去一把名属镂的利剑，让他自杀。

伍员接过剑，仰天长叹：“天哪，吴国大概要灭亡了吧。东西装得太满，就要倾覆。三年以后，吴国就会衰弱下去。请你们在我的坟上栽上楸树，楸树可以成材。”说完把剑一挥，颈血四溅，他也倒在血泊中。

越王勾践经过二十年的休养生息，国力大增。他认为二十年的忍辱负重已经到头了，复仇的时候到了。为了进一步迷惑吴国，他发兵袭击楚国，表示对夫差的忠心，使夫差放松对越国的警惕。

吴国大夫公子庆忌看出了越国的阴谋，就多次劝谏吴王：“要对越国加强戒备，如果还不改变策略，将会是养虎贻患，吴国会灭亡的。”但是夫差不听，庆忌就想杀死伯嚭那伙不忠于吴国的人，但是消息泄露，他反被夫差处死了。

勾践见夫差对自己仍不怀疑，两国的边境上不设重兵，就发动突然袭击，迅速包围了吴国的都城。

越军把吴国都城包围了三年，最后一鼓作气，攻陷了都城，俘虏了夫差。勾践要把夫差送到甬东居住。夫差辞谢说：“我老了，哪里还能侍奉君王?”就上吊自杀了。

称霸了二十多年的吴国灭亡了，越王勾践登上了历史舞台，成为春秋时期的最后一个霸主。

历代名家点评

明万历四年贡生郭轩（宿迁人），在其《伍员里》一诗中咏道：“寂寞荒村野草深，居人传说到如今，可怜一片吴门月，照见将军不死心。”现伍家沟庄头附近仍有一高土墩，名曰斩龙墩。传说为伍子胥死后化为土龙被其斩首的地方，当地有“伍子胥血染斩龙墩”的传说。

哀公

元年—二十七年

历史背景

哀公名蒋，定公的儿子，在位二十七年，后去越未归。元年为周敬王二十六年，公元前494年。

在此期间，东南方的吴、越比较活跃。先是吴败越与夫椒，吴越讲和，吴开始向北争霸。十一年，在艾陵之战中大败齐军，接着联络鲁、卫等国，发起黄池之会。与此同时，越国偷袭吴国，攻入吴都。吴王匆忙返回，与越讲和。越国经“十年生聚，十年教训”，国力大增，不断伐吴，十七年，败吴于笠泽，二十二年，终于灭掉吴国，夫差自缢而死，越灭吴后，也向北方发展，参与北方诸侯之间的争斗。

晋已经失去了霸主地位，诸侯之间因利害变化，不断分化组合，相互攻击，局面十分混乱。鲁国多次侵伐邾国，自己又受齐国侵伐。三家矛盾不断激化，使哀公二次去越，最后竟不归。

齐景公死后，国氏、高氏奉景公遗命，立荼为君而为政。陈乞挑拨诸大夫与国、高对立，乘机逐出国、高，杀荼，立公子阳生为君。后又杀阳生立其子简公，以后又杀简公，使齐国权力完全落入陈氏手中。晋国公室力量极为微弱，权力掌握在知、赵、韩、魏四家手中。到后期，知氏力量最强，但因知伯贪婪残忍，三家受其威逼。于是三家联合起来杀知伯，三分其地。晋实际被三家瓜分。标志春秋时代的终结，新的历史时期的开始。

楚国白公之乱

◎ 哀公十六年（公元前479年）

阅读提示

我们将目睹一场宫廷叛乱的全过程，贵族们纷争的内幕也将随着故事情节的发展逐一显现，这场宫廷内乱的受益者是谁？究竟是谁代表了正义？文中究竟展现了一个怎样的场景？我们不妨走进现场，一同审视那段历史。

人物

叶　公：姓沈，名诸梁，字子高。春秋时期著名的政治家、军事家、思想家。因受封于叶，楚国封地的君主都被尊称为公，故称叶公。中国历史上有文字记载以来叶地的第一任行政长官。

原文

楚太子建之遇谗也，自城父奔宋，又辟华氏之乱于郑[①]。郑人甚善之。又适晋，与晋人谋袭郑，乃求复焉，郑人复之如初。晋人使谍于子木[②]，请行而期焉。子木暴虐于其私邑，邑人诉之。郑人省之，得晋谍焉，遂杀子木。

其子曰胜，在吴，子西欲召之。叶公曰[③]："吾闻胜也诈而乱，无乃害乎？"子西曰："吾闻胜也信而勇，不为不利，舍诸边竟，使卫藩焉。"叶公曰："周仁之谓信，率义之谓勇。吾闻胜也好复言，而求死士，殆有私乎[④]！复言，非信也；期死，非勇也。子必悔之。"弗从。召之，使处吴竟，为白公。

请伐郑，子西曰："楚未节也[⑤]，不然，吾不忘也。"他日又请，许之，未起师。晋人伐郑，楚救之，与之盟。胜怒，曰："郑

注释<<<

①华氏之乱：指宋国华定、华亥等杀宋群公子，劫持宋元公一事。

②谍：侦探，间谍。子木：太子的字。

③叶公：即沈诸梁，字子高，楚国的大夫。

④殆：恐怕，大概。私：私心。

⑤节：法则。未节：没有走上正轨。

⑥庸：岂，难道。

⑦得死：得到好死，得到善终。

人在此，雠不远矣。”

胜自厉剑，子期之子平见之，曰：“王孙何自厉也？”曰：“胜以直闻，不告汝，庸为直乎[⑥]？将以杀尔父。”平以告子西。子西曰：“胜如卵，余翼而长之。楚国第，我死，令尹、司马非胜而谁？”胜闻之，曰：“令尹之狂也，得死[⑦]，乃非我。”子西不悛。

胜谓石乞曰：“王与二卿士皆五百人当之，则可矣。”乞曰：“不可得也。”曰：“市南有熊宜僚者，若得之，可以当五百人矣！”乃从白公而见之[⑧]，与之言，说。告之故，辞。承之以剑，不动。胜曰：“不为利谄，不为威惕，不泄人言以求媚者，去之。”

吴人伐慎，白公败之。请以战备献，许之，遂作乱。秋七月，杀子西、子期于朝，而劫惠王[⑨]。子西以袂掩面而死。子期曰：“昔者吾以力事君，不可以弗终。”抉豫章以杀人而后死。石乞曰：“焚库，弑王，不然不济。”白公曰：“不可。弑王不祥，焚库无聚，将何以守矣？”乞曰：“有楚国而治其民，以敬事神，可以得祥，且有聚矣，何患？”弗从。

叶公在蔡，方城之外皆曰：“可以入矣。”子高曰：“吾闻之，以险儌幸者，其求无餍[⑩]，偏重必离。”闻其杀齐管修也，而后入。

白公欲以子闾为王[⑪]，子闾不可，遂劫以兵。子闾曰：“王孙若安靖楚国，匡正王室，而又庇焉，启之愿也，敢不听从？若将专利以倾王室，不顾楚国，有死不能。”遂杀之，而以王如高府。石乞尹门，圉公阳穴宫，负王以如昭夫人之宫。

叶公亦至，及北门，或遇之，曰：“君胡不胄？国人望君如望慈父母焉。盗贼之矢若伤君，是绝民望也，若之何不胄？”乃胄而进，又遇一人曰：“君胡胄？国人望君如望岁焉[⑫]，日日以几。若见君面，是得艾也。民知不死，其亦夫有奋心，犹将旌君以徇于国，而又掩面以绝民望，不亦甚乎！”乃免胄而进。遇箴尹固帅其属，将与白公。子高曰：“微二子者，楚不国矣。弃德从贼，其可保乎？”乃从叶公。使与国人以攻白公，白公奔山而缢，其徒微之。生拘石乞而问白公之死焉。对曰：“余知其死所，而长者使余勿言。”曰：“不言将烹！”乞曰：“此事克则为卿，不克则烹，固其所也，何害？”乃烹石乞。王孙燕奔頯黄氏。

沈诸梁兼二事。国宁，乃使宁为令尹，使宽为司马，而老于叶。

⑧从白公：让白公跟着。
⑨惠王：楚昭王之子，名章。
⑩餍(yàn)：同“厌”，满足。
⑪子闾：名启，楚平王的儿子。
⑫望岁：盼望收成。

史纪风云

春秋末期，位于现在江苏一带的吴国渐渐强大起来，想向中原扩展势力，它进攻的第一个目标就是位于它西面的楚国。

楚国想巩固自己继续与晋国争霸的地位，就要和它西边的秦国恢复友好关系，以解除后顾之忧，全力对付吴国。楚国和秦国都有这样的愿望，双方一拍即合。

◎ 镶石舞人圆形扣饰
扣饰正中嵌玛瑙珠及绿松石小珠，其外透雕人像一周，共十八人，衣后皆饰尾，手挽手，腿部微曲作旋转舞蹈状。

楚平王即位的第二年(公元前527年)，就派遣大夫费无极为使臣到秦国为太子建求婚。秦国国君秦哀公满口答应，把妹妹孟嬴许给太子建。秦国把丰厚的嫁妆备办齐全之后，又派使臣护送孟嬴到楚国出嫁。

费无极带着孟嬴到后宫先去拜见楚平王。楚平王是个好色之徒，又凶残狠毒，他一见进来一个年轻貌美的姑娘，娇艳婀娜，就忘了自己的身份，从王位上走下来，拉着孟嬴的手，让她坐在自己的身边。费无极是个专靠阿谀逢迎往上爬的家伙，他一见楚平王看中了孟嬴，就走上前讨好地说："君王若是喜欢孟嬴，就名正言顺地把她娶进宫中做王妃，就说是秦国嫁给君王的，也没有什么不合适。"

楚平王早就欲火中烧了，连忙点头笑着说："就这么办吧。"于是就把孟嬴留在了宫中，让费无极把孟嬴的陪嫁侍女送到太子建的府中，嫁给他做妻子。

不久，楚平王霸占儿媳妇的丑闻就在国内传开了。费无极心虚，怕太子建会不利于自己，就怂恿楚平王说："城父是个军事重镇，一定得派亲信得力的人去镇守。我看应当派太子建去，这样君王也就放心了。"

楚平王是个昏君，宠臣说什么信什么，就让太子建离开郢都。太子建带着师傅伍奢前往城父。

又过了五年，费无极看太子建把城父治理得很好，部队也训练得很精锐，怕楚平王死后，由太子建继位将会惩办自己，就向平王进谗说："君王，有消息传来，说太子建和伍奢准备带领方城山以外的臣民发动叛乱，在那里割据，自成一国。现在又有晋国、齐国支持

◎ 甘肃汉烽火台

他，恐怕会对楚国造成严重危害。”

楚平王完全相信了这些话，也不找其他的大夫询问，立即下令把伍奢从城父召回来质问：“你不好好辅佐太子，反而煽动他背叛本王，你知罪吗？”

伍奢为人正派忠厚，又能洞察朝政中的污浊，知道这又是奸臣费无极挑唆的，就义正辞严地回答说：“君王，太子在城父奉公守法，忠于职守，巩固了我们北方的屏障，应该嘉奖他才是，为什么要听信小人的诬陷，不相信自己的亲骨肉？您把秦国嫁给太子的妻子占为已有，这一次过错就已经很严重了，难道还要再犯一次错误吗？”

楚平王见伍奢竟敢当面直言不讳地揭自己的疮疤，立即恼羞成怒，命令卫士逮捕了伍奢，投进监狱。这时正好城父的司马奋扬回郢都述职，楚平王就派奋扬回城父去杀死太子建。

奋扬一出郢都就派人紧急通知太子建，让他赶快逃走。太子建知道和父王辩解也没有用，就立即逃亡到宋国。

费无极把这一消息报告给楚平王，楚平王下令召回奋扬。奋扬知道走漏了消息，就让城父大夫逮捕自己，押送回郢都，面见楚平王。

楚平王生气地问：“话从我嘴里说出去，传进你的耳朵里，没有第二个人知道，是谁告诉太子建的？”

奋扬诚实地回答说：“是我派人通知太子建的。”他又进一步为自己辩护说，“当初君王任命我为城父司马，命令我说：‘侍奉太子建要像侍奉我一样。’我奉了君王的命令，就不忍心再执行杀死太子的命令。”

“你为什么还敢回来?”

“臣下没有完成使命，召我再不回来，就是再次违背命令。我又没地方可逃，只有听凭君王治罪。”

“你还回城父吧，像从前一样忠于本王。”楚平王认为他忠于职守，熟悉城父的情况，就饶恕了他。

费无极见太子建逃走，虽然囚禁了伍奢，但是他有两个儿子，大儿子叫伍尚，正担任棠邑的地方官；二儿子叫伍员，字子胥，也住在棠邑。他们一旦得势，会加害自己。便又进谗说：“伍奢的两个儿子都很有才干，若是他们投向吴国，对楚国大大不利。”

楚平王派人召伍尚、伍员回郢都，说：“奉命回来，我赦免你们的父亲，不然我就杀死他。”

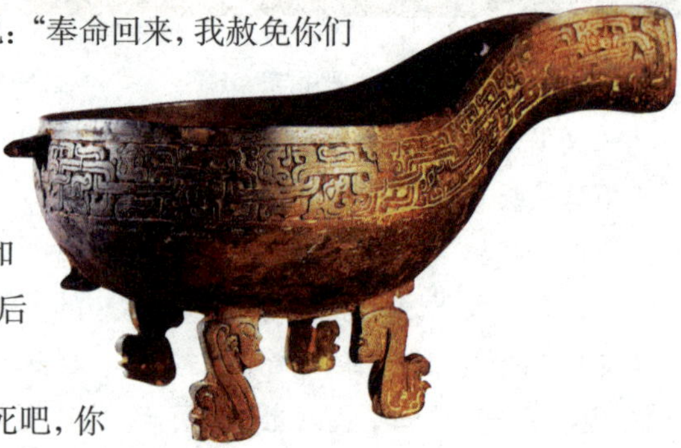

伍尚、伍员兄弟二人商量怎么对待楚王的诏命。伍员说：“楚王暴虐，我们不回去，父亲必死；我们回去，必和父亲一道送死。我们还是逃离楚国，以后也好报仇。”

伍尚不同意，说：“还是让我回去死吧，你赶快逃到吴国去。我的才智不如你，你能够报仇。”

伍奢听说伍员没来，很高兴，对伍尚说：“楚王和费无极之流将没有安生日子过了!”

楚平王把伍奢和伍尚一起杀了，并通令全国，捉拿伍员。

伍员逃到吴国，拜见吴国国君州于(即吴王僚)，陈说攻打楚国的好处：“楚平王昏聩，宠信奸佞，君王可一举攻占郢都，称霸中原。”

州于的哥哥公子光谏止说：“伍氏家族被杀戮，伍员到这里要我们替他报私仇，不能听信他的。”

伍员早就听说公子光想自己做国君，就在边境上住下来，找了块荒地耕种糊口。又把自己熟识的勇士鲂设诸推荐给公子光。公子光给他以优厚的待遇，十分敬重。

吴王州于认为时机成熟了，就率兵攻打臣服于楚国的一个小国州来。楚平王派司马薳越率领楚国和诸侯的军队赶去救援。吴军在钟离摆开阵势拦击他们。这时传来楚国令尹子瑕死去的消息，楚军士气涣散。

公子光说："诸侯跟从楚国的很多，但都是小国，害怕楚国，不得不来，同伙而不同心。主帅地位低，威信不高，不能统一号令，楚军可以击败。如果分兵先攻胡国、沈国、陈国的军队，他们一定会先奔逃。这三国一败退，诸侯的军队就军心动摇了。诸侯之军一乱，楚军也会跟着溃逃。请让先头部队放松戒备，以引诱敌人，后续部队严阵以待，准备追击。"

◎ 战国时期 冰鉴
冰酒的器物，全器由方鉴，方樽缶组成。方鉴与方樽缶之间有空隙，可置冰块，用于把樽缶中放的酒变凉。

吴王采纳了公子光的意见，进军鸡父。吴王用三千名没有受过训练的罪犯先进攻胡、沈、陈三国之军，罪犯们一触即溃，三国的军队争着俘虏他们。罪犯们有的接战，有的停步，有的奔逃，三国的军队乱了阵脚。吴王和公子光率领精锐的三军随后掩杀过来，刀劈枪挑，猛冲猛打，三国的军队潮水般溃散。吴军俘虏了胡、沈两国的国君和陈国的大夫，放回俘虏的士兵，让他们逃到许、蔡、顿三国的军营中说"我们的国君阵亡了"。许、蔡、顿三国的军队不敢接战，望风而逃，楚军不明真相，也跟着拼命逃跑，大败而归。

楚平王不甘心失败，第二年又组水军去侵袭吴国。大夫沈尹戌谏阻说："百姓得不到安抚，士兵连年征战已很疲惫；吴国没有动静，正在严阵以待。不如加强边境的守备，暂不出战，还可保住边疆上的城邑。"

楚平王不听劝阻，一意孤行，摆开战船，千帆竞发。但到了圉阳，见吴军早已做好了准备，桅杆耸立，像茂密的森林，战舰铺江，不见水面，未战就胆怯了，急命掉转船头，收兵而回。吴军紧紧追赶，楚国边境上的守军没有戒备，吴军攻破几座城池，掠夺了大批粮食、财物才收兵而回。

第二年，楚平王死了，令尹子常立平王八岁的儿子壬继承王位，就是楚昭王。

吴王州于认为楚国有丧事，是进攻的好机会，就派两个弟弟公子掩余和公子烛庸领兵包围楚国的潜城。

楚国令尹子常派兵救援潜城，亲自率领水军进攻吴军。楚国这次军容强大，前有大军堵截，后有雄师强攻，吴军被困在潜城外围，进退两难。

公子光见吴王州于的重要将领和亲信都领兵或出使在外，国内兵力也很空虚，就要利用这个大好机会夺取王位。

他召来鲂设诸，设宴招待他，屏退下人，低声对他说："我是王位的继承人，却让僚这小子窃踞了这么些年，现在上天终于赐给我机会了。"

鲂设诸起身离席，严肃地问："公子要我干什么，我粉身碎骨在所不辞!"

"你准备好，去刺杀吴王僚。"

鲂设诸早就预料到有这么一天，从容镇静地说："我是个勇武之人，杀死君王容易办到。可是我母亲年老，儿子还小，我将不能孝敬老母，抚养儿子了。"

公子光站起来，肯定地说："我的生命就是你的生命。我就是你母亲的儿子，你儿子的父亲。放心去准备吧。"

公子光在地下室里埋伏好甲士，然后准备下盛宴邀请吴王州于。吴王怕有刺客刺杀自己，就带着大批警卫前来，大门、台阶、内门、座席周围，都排列着吴王的亲兵，手持短剑护卫在吴王身边。命令端菜的人在门外先脱光衣服，再换穿卫士带来的衣服。端菜的人要跪着走路，持剑的卫士从两边夹着他，剑尖几乎刺到身上。端菜的人进入室内，再递给上菜的人。

酒喝了几巡，菜也上了几道，公子光忽然装作脚疼得厉害，要出去看看，就躲进地下室去了。

鲂设诸事先把一柄短剑放在一条烧熟的大鱼肚子里，就扮作上菜的人侍奉酒宴。当端菜的人把鱼递给他时，他平静镇定地把鱼盘放在吴王面前的几案上。突然，他从鱼腹中抽出短剑，照准吴王的咽喉猛刺下去。几乎就在这同一瞬间，两旁卫士的短剑也交叉地刺进了鲂设诸的胸膛。他和吴王都倒在血泊中断了气。

公子光宣布州于已死，自己继位为王，他就是吴王阖庐。

听说国内发生了政变，公子掩余就逃亡到徐国，公子烛庸就逃到钟吾国，国内的公子也纷纷出逃。

吴王阖庐派人逮捕掩余、烛庸和其他公子。他们都流亡到楚国。楚昭王封给他们大量土地，把他们很好地安置下来，打算发展他们的势力，以便危害吴国。

楚国大夫子西谏阻说：“阖庐成为吴王，我们和他结好还怕他进攻我们呢。现在我们收留他的仇人，恐怕会激怒阖庐吧。”

楚昭王不听。吴王阖庐闻讯大怒，立即派兵灭了钟吾和徐国，准备进攻楚国，召见伍员商讨对策。

吴王阖庐采纳了伍员的战略，连年都对楚国出兵，弄得楚国疲惫不堪。

阖庐登上王位的第九年(公元前506年)，联合蔡国、唐国攻打楚国，一直攻入郢都。

楚昭王带着他的妹妹季芈逃出郢都，他让随从把苑囿中的大象赶出来，给它们的尾巴上拴上柴草，然后点着火，逼使大象冲入追赶的吴军，才摆脱了追兵。楚昭王徒步涉过睢水，渡过长江，进入云中。

这一夜他们就在山中歇息。谁知半夜来了一伙强盗，挥戈击刺楚昭王。大夫王孙由于用背去遮挡，被击中了肩膀，昏死了过去。楚昭王乘机逃走，大夫钟建背着季芈跟随，王孙由于苏醒过来也跟了上

去。一行人逃到了随国，吴军也追杀到随国，对随国的国君说：“你们要是交出楚昭王，汉水以北的土地就全归你们，若是不交，我们将踏平随国！”

楚昭王的侄子子期长得像楚王，就穿上楚昭王的服装，说：“把我交给吴军，叔王可以免除祸难。”

随国人为交出子期进行占卜，卦象不吉利，就拒绝吴军说：“随国虽小，但楚国保存了我们，我们不能因为他们有难而抛弃他们。如果吴国对楚国加以安抚，我国也会归附你们。”

于是，吴军就退回去了。

这一战，郢都沦陷，楚国一蹶不振，吴国开始称霸。

◎ 春秋战国时期 青铜器

历代名家点评

清末刘熙《艺概》：“纷者整之，孤者辅之，板者或之，直者婉之，俗者雅之，枯者腴之。”

缶

盛酒器。也用于盛流质食物，源自同形陶器。这里的缶是指尊缶，而不是浴缶。古人用缶多是陶质。考古发掘发现，只有较大的少数墓中才有青铜缶。《说文》："缶，瓦器，所以盛酒浆，秦人鼓之经节，象形。"可见，青铜缶的祖型当是陶缶。